新闻出版实用知识丛书

数字出版

"新闻出版实用知识丛书"编委会 / 主编

西南师范大学出版社
国家一级出版社 全国百佳图书出版单位

图书在版编目(CIP)数据

数字出版 /“新闻出版实用知识丛书”编委会主编
. — 重庆 ：西南师范大学出版社，2017.10
(新闻出版实用知识丛书)
ISBN 978-7-5621-8985-5

Ⅰ. ①数… Ⅱ. ①新… Ⅲ. ①电子出版物－出版工作－问题解答 Ⅳ. ①G237.6－44

中国版本图书馆 CIP 数据核字(2017)第 236623 号

数字出版
SHUZI CHUBAN

“新闻出版实用知识丛书”编委会　主编

责任编辑:李　俊　廖小兰
装帧设计:闰江文化
排　　版:重庆大雅数码印刷有限公司·鞠现红
出版发行:西南师范大学出版社
地址:重庆市北碚区天生路 2 号
网址:http://www.xscbs.com
邮编:400715　电话:023-68868624
印 刷 者:重庆荟文印务有限公司
开　　本:720mm×1030mm　1/16
印　　张:12.75
字　　数:156 千字
版　　次:2017 年 11 月　第 1 版
印　　次:2017 年 11 月　第 1 次印刷
书　　号:ISBN 978-7-5621-8985-5

定　　价:38.00 元

总 PREFACE 序

党的十八大提出了全面建成小康社会和文化强国建设的目标。在全面建成小康社会和建设文化强国的进程中，新闻出版业将继续承担重要任务，扮演重要角色。

近年来，新闻出版业转型升级和融合发展对新闻出版从业技术人才队伍建设提出了更高的要求，新闻出版行业人才队伍素质的基础性、战略性、决定性作用将更加突显，这也成为新闻出版人才培养和成长的大好时机。《国民经济和社会发展第十三个五年规划纲要》明确指出：人才是“支撑发展的第一资源”，人才就是生产力，要加快建设人才强国。国家将推动新闻出版名家工程、新闻出版领军人才工程、数字出版千人计划、版权专业人才培养计划、经营管理人才素质提升工程、国际化外向型人才培养工程、民文出版人才支持计划、高技能人才培养工程、新闻出版智库建设等与国家规划重大人才工程相对应的重点人才建设工程，通过项目培养人才，促进人才发展，落实人才发展优先战略，一批复合型经营管理人才、数字出版人才、现代行政管理人才将不断地涌现出来。

不积跬步无以至千里。新闻出版人才队伍建设是一项长期性的基础工作。近年来，重庆市文化委员会一直在人才队伍、行业培训方面做着积极且有益的探索，配套出台了一系列政策措施，以重庆市出版工作者协会为枢纽，邀请业内相关专家，以定期开展讲座的形式，对全市新闻出版从业人员进行集中培训，为广大新闻出版一线工作者提供相互交流的机会，取得了良好的效果，为重庆新闻出版人才队伍建设做出了积极的贡献。

为帮助从业人员掌握行业知识、业务要求及流程，社会大众了解行业相关标准规范和国家相关政策，提升新闻出版行业的服务与管理水平，在重庆市文化委员会的大力支持下，由重庆市出版工作者协会牵头，聚集业内相关专家学者、行业管理人员等，组织编写一套可供新闻出版从业人员、社会大众和新闻出版管理人员学习、运用的实用性知识技能丛书——“新闻出版实用知识丛书”，这是重庆新闻出版人对出版认识的理性积累和宝贵经验的总结。

“新闻出版实用知识丛书”不是一套新闻出版专业技术人员职业资格考试辅导教材，而更多的是一套面向新闻出版行业，为从业者与行业管理者终身学习服务的工具书。它的出版对进一步推动我市乃至全国新闻出版专业技术人员的政治、业务学习和加强新闻出版人才队伍建设将发挥积极的作用。

丛书涵盖面广，分为《图书出版》《报刊出版》《数字出版》《音像电子出版》《著作权与版权贸易》《出版物印刷》《出版物发行》7 册，每册力求做到密切结合新闻出版工作实际，注重突出基础知识、基本技能。丛书的编写融出版行业相关国家政策、行政管理法规、出版各环节实际操作于一体，有较强的实际操作性。丛书采用针对性更强的一问一答的形式进行编写，一看就会，一学就懂，使丛书面向更广的读者群体。

丛书的内容重在从业人员必须掌握的新闻出版行业法律法规、从业的基本知识和基本技能；丛书的编写也更加突出工作中应掌握的相关知识、从业者希望了解的知识和服务机构经常被咨询与受理的疑难问题。简而言之，丛书内容既有从业人员必须掌握的知识和技能，也有管理部门应告知服务对象的相关政策，是新闻出版行政管理人员、出版专业技术人员的常备工具书。

丛书内容繁多，尽管我们尽量吸收了目前最新的政策法规、吸纳了行业同仁的意见和建议，但部分内容特别是一些政策法规会在改革中不断变化，加之编者水平有限，书中的错漏不足之处难免，还望读者批评指正。

重庆市出版工作者协会

前言 FOREWORD

数字出版是人类文化的数字化传承，它是建立在计算机技术、通讯技术、网络技术等高新技术基础上，融合并超越了传统出版而发展起来的新兴出版行业，代表着出版业的未来与发展方向。从事数字出版业责任重大，任务艰巨，使命光荣，大有可为。

《数字出版》是“新闻出版实用知识丛书”中的一本。按丛书编撰要求，该书以介绍数字出版从业知识技能为主要内容，立足于服务数字出版行业从业人员和管理人员以及想了解数字出版知识的读者。内容包括：数字出版的概念、数字出版的主要形态和商业模式、新媒体概念及常识、数字出版编辑及制作常识、数字出版传播常识、数字出版运营常识、数字版权保护常识、数字出版技术常识、互联网教育出版常识、行业标准、管理服务指南、行业法律法规等十二部分。全书采用问答式编写，通过对问题的具体回答逐步解读数字出版的方方面面，并配有必要的插图说明，言简意赅，形式活泼，是一本适用性较强的工具书。

数字出版作为一种新兴业态，知识更新快，技术含量高。参加本书编写和审定的人员中，既有从事数字出版编辑、运营等实际工作的一线工作者，也有长期从事数字出版研究、管理工作的专家和学者。编撰过程中，编写者力图避虚就实，尽可能突出实用性和可操作性，相信会对读者有所裨益。

由于时间仓促，书中观点和内容难免有不妥之处，敬请读者批评指正。

目 CONTENTS 录

第一部分　数字出版的概念

第二部分 数字出版的主要形态和商业模式

第三部分　新媒体概念及常识

第四部分 数字出版编辑及制作常识

第五部分 数字出版传播常识

第六部分　数字出版运营常识

第七部分　数字版权保护常识

第八部分　数字出版技术常识

第九部分 互联网教育出版常识

第十部分 行业标准

第十一部分　管理服务指南

一、网络出版服务的申请及管理 / 128

附录

后记

参考文献

第一部分 数字出版的概念

1.什么是数字出版?

数字出版是指利用数字技术对内容进行编辑加工、制作,形成数字内容产品,并将数字内容产品储存在光盘、U盘和服务器硬盘等数字存储设备中,供读者利用计算机或其他具有类似功能的设备,或借助网络进行读取的出版方式。其主要特征为内容生产数字化、产品形态数字化和阅读形态数字化。

2.什么是网络出版?

网络出版是指具有合法出版资质的出版机构,以互联网以及其他网络为载体和流通渠道,出版并销售网络出版物的行为。其基本特征在于主体合法化、作品数字化、传输网络化、交易电子化。网络出版和传统出版不同,它是没有物化形态的出版方式。网络出版是数字出版的一种形态。

3.什么是网络出版物?

按照《网络出版服务管理规定》,网络出版物是指通过信息网络向公众提供的,具有编辑、制作、加工等出版特征的数字化作品，主要包括：①文学、艺术、科学等领域内具有知识性、思想性的文字、图片、地图、游戏、动漫、音视频读物等原创数字化作品；②与已出版的图书、报纸、期刊、音像制品、电子出版物等内容相一致的数字化作品；③将上述作品通过选择、编排、汇集等方式形成的网络文献数据库等数字化作品；④国家新闻出版广电总局认定的其他类型的数字化作品。

4.什么是手机出版？

手机出版是指手机出版服务提供者使用文字、图片、音频、视频等表现形式，将自己创作或他人创作的作品经过选择和编辑加工制作成数字化出版物，通过无线网络、有线互联网络或内嵌在手机载体上，供用户利用手机或类似的移动终端阅读、使用或者下载的传播行为。

5.什么是电子出版？

电子出版是指以数字代码方式将图、文、声、像等信息编辑加工后存储在磁、光、电等介质上，供读者通过计算机或其他具有类似功能的设备读取使用的出版方式。电子出版主要的载体形式是光盘和U盘，其优点是容量大、携带方便。电子出版也是数字出版的一种形态。

6.什么是跨媒体出版？

所谓跨媒体，即横跨平面媒体（书、报、刊）、磁光介质媒体（磁带、CD-ROM、VCD、DVD等）、网络媒体（Website）和移动媒体（Mobile）的多媒体、多渠道平台。一句话来说，跨媒体出版就是出版者同时传输相同内容到不同媒体上以满足受众不同需求的过程。

7.什么是全媒体出版?

全媒体出版(Federated Media Publishing),强调多渠道的同步出版:图书一方面以传统方式进行纸质图书出版,另一方面以数字图书的形式通过互联网、手机、手持阅读器等终端数字设备进行同步出版。2010年以纸质出版、线上阅读、手机阅读和手持阅读器阅读4种方式同时推出的冯小刚作品《非诚勿扰》被认为是"全媒体出版第一书"。全媒体出版目前有以下两种代表性的解释:其一,全媒体出版就是同一个内容同时发布在纸质媒体、互联网、手机和手持阅读器等媒体上,即内容资源一方面以传统方式进行纸质图书出版,另一方面以数字图书的形式通过互联网平台、手机平台、手持阅读器等终端数字设备进行同步出版。其二,数字复合出版,即全媒体出版,包括多种符号(文字、语言、图形、影像)的复合、多种信息媒体(视觉、听觉)的复合、多种传播载体(印刷、光盘、网络、磁盘、集成电路)的复合、多种传媒形态(报纸、杂志、音像制品)的复合、多种显示终端(计算机、阅读器、移动电话)的复合以及多种制作技术的复合等,也包括传统出版全流程数字化,并生成各种传统出版载体需要的形式和格式。因此,数字复合出版可以实现作品和媒体的"一次创作、多样展现"。因为信息的"结构化加工、数据库存储",突破了单一作品和媒体的传播局限,可以把作品和媒体分解之后再聚类传播,实现个性化的按需服务,从而构造信息社会出版的新业态。

8.什么是按需出版?

按需出版(Publish On Demand)是指采用数据库技术、网络技术等,将出版物信息存储在计算机系统中,根据读者的个性化需求,即时下载到计算机(或类似设备)上阅读,或直接数码印刷成书的出版方式。按需出版强调的是出版活动的精确性，是一种基于对读者需求的准确把握而开展的出版活动。

9.传统出版与数字出版的各自优势及其关系是什么？

答：传统出版与数字出版各有优势。传统出版的优势体现在对内容的选择和编辑加工能力，对权威内容资源的积累和组合能力，成熟的销售模式和赢利模式。数字出版的优势则在于内容呈现形式直观、多样，内容更为丰富，出版时间短，信息更新快，传播面广，产品形态和赢利模式多样化，对读者的服务更方便、直接。无论是传统出版还是数字出版，有一个共同的、至关重要的要素就是出版内容。传统出版与数字出版可各自发挥优势，以先进技术为支撑，内容建设为根本，优势互补，实现融合发展。因此，数字出版与传统出版既不是对立关系，也不是取代关系，而是一种相辅相成、不断融合的关系。

10.我国数字出版经历了哪些阶段？

自21世纪初以来，伴随着数字出版理论及技术研究、数字出版实践活动的逐步深化和拓展，出版界、信息产业界等领域对数字出版的内涵、外延及经历的阶段不断发生变化。简单来说，我国数字出版经历了三个阶段：一是电子出版时代（1990～2000年），实现了加工工艺的数字化与产品形态的数字化；二是互联网出版阶段（2000～2005年），突破了数字化产品的单机出版形式，将出版数字化由作品的数字化、编辑加工的数字化，扩展到发行的数字化和阅读方式的数字化；三是数字出版阶段（2005年至今），实现出版全流程的数字化，拥有了独立的阅读终端，产业链逐渐形成。

11.数字出版如何分类?

数字出版包含了传统出版业数字化的全部过程和结果,同时也包括新兴的数字媒体,以及发展中的传统出版业的数字化和新兴的数字媒体产业向各种媒体的渗透、融合的业态。具体分类详见书后附录。

12.我国数字出版产品主要包括哪些形态?

我国数字出版产品形态主要包括电子图书、数字报纸、数字期刊、网络原创文学、网络教育出版物、网络地图、数字音乐、网络动漫、网络游戏、数据库出版物、手机出版物(彩信、彩铃、手机报纸、手机期刊、手机小说、手机游戏)等。

第二部分
数字出版的主要形态和商业模式

1.什么是电子图书?

答:电子图书(E-book)是指通过计算机、专用阅读器或类似设备直接呈现文字、图像、音频、视频等内容,具有相当文字篇幅的数字出版物。常见的电子图书主要有两类:一类是已经出版图书的原版原式电子图书;另一类是内容为原创的电子图书。

2.电子图书的表现形式是怎样的?

电子图书具有纸质图书的结构,一般包括封面、内封、版权页、目录、正文、附录、参考文献等。一般支持查询、翻页、书签、笔记等功能。电子图书按表现形式可分为两类:一类是静态电子图书,只呈现文字和图表;另一类是多媒体电子图书,除了呈现文字和图表外,还动态呈现相关内容,如动画、视频和音频等。多媒体电子图书也称增强型电子书。

3.电子图书有哪些基本格式?

在数字环境下,电子图书没有了物化的形式,取而代之的是电子图书的格式。出于数字版权保护(DRM)、表现形式、产品传播和各个技术公司利益等原因，电子书格式多达几十种。一般可分为通用格式和专用格式。通用格式有：EXE（可执行文件格式）、TXT（常用的文本格式）、HTML（网页格式）、HLP（帮助文件格式）、CHM（已编译的帮助文件格式）、EPUB（国际流行的开放的电子书格式，文字内容可以根据阅读设备的特性自动重新编排，以最适于阅读的方式显示）；专用格式有：Adobe 的 PDF、微软的 LIT、亚马逊的 AZW、北大方正阿帕比的 CEB、清华同方的 CAI、书生公司的 SEP、超星公司的 PDG、中国学术期刊网的 CAJ、维普公司的 VIP、华康公司的 WDL、国家图书馆的 NLC 和上海通力公司的 ABM 和 BOK 格式等。这些文件格式一般在电脑上使用，但必须下载专门的软件后方可阅读。目前手机上使用的格式一般有 UMD、TXT 和 JAR 等，手持电子书阅读器一般有 TXT、DOC、PDF、HTML、CHM、JPG 等格式。

4. 电子图书主要商业模式有哪些？

国外具有代表性的几种商业模式有：一是亚马逊电子书商业模式，以电子阅读器为主导的全产业链模式，是一种“阅读终端＋交易平台＋内容销售”的垂直整合模式，阅读终端不对其他厂家的平台开放，内容也不对其他厂家的终端开放。二是苹果公司的“开放平台＋IPad 终端”的半开放模式。三是谷歌的数字图书馆模式，这是一种倡导“任何地点在任何设备上读任何书”的完全开放性商业模式。国内具有代表性的商业模式有：盛大文学的“平台＋终端＋内容”的商业模式；方正的“整合内容＋阅读平台＋终端”的商业模式；中国移动的“手机阅读基地”的商业模式；汉王的“终端＋下载平台”的商业模式。随着技术的不断发展和产业环境的变化，越来越多的企业参与到出版电子图书的行业之中，相信未来的电子图书产业会有更加创新的商业模式产生。

5.国内电子图书主要的消费状况如何？

根据第十四次全国国民阅读调查数据显示，2016年我国成年国民数字化阅读方式（网络在线阅读、手机阅读、电子阅读器阅读、光盘阅读、Pad阅读等）的接触率为68.2％，较2015年上升了4.2个百分点，实现了连续8年的增长。在各类数字化阅读载体中，网络和手机的阅读接触率分别上涨了4.0个百分点和6.1个百分点，而电子阅读器、Pad（平板电脑）的接触率则分别下滑了1.0个百分点和0.7个百分点。2016年手机阅读接触率为66.1％，连续3年超过网络在线阅读的接触率，两者的差距也逐渐拉大。在数字化阅读方式接触者中，86.3％为18～49岁人群，其中，18～29岁人群占36.3％，30～39岁人群占27.1％。

6.目前电子图书主要的销售平台有哪些？

近年来随着数字出版的发展，电子图书销售平台逐年增加，目前主要的电子图书销售平台有当当数字馆、阿帕比数字资源平台、亚马逊Kindle电子书店、苹果商城上的电子书应用程序、淘宝阅读、京东电子书刊、盛大文学云中书城、百度阅读等。

7.什么是数字期刊？

数字期刊又称为数字化期刊或电子期刊，是指以数字形式存储在光、磁等媒介上并通过电子或网络媒介发行，通过计算机或类似设备阅读使用的连续出版物。对于数字期刊的理解，有广义与狭义之分。从狭义上说，数字期刊的出版形式与内容基本同于普通印刷型期刊，只是载体属于电子型、网络型而非纸质型。从广义上说，数字期刊包括所有电子形式的连续出版物。

有的数字期刊是印刷型期刊的翻版，更多的是印刷型期刊的扩版，也有一部分数字期刊是没有印刷版原型的纯电子出版物。

8.数字期刊的表现形式是怎样的？

目前，数字期刊的存在形式基本上有以下几种：一是光盘版形式。将源期刊的内容刻录到光盘上，制成光盘形式的期刊，这种形式的数字期刊，一般以源期刊为单位，或将同类期刊同期的内容刻录到一张或多张光盘上，如《中国学术期刊（光盘版）》所经营的光盘版期刊就是这种形式。二是数据库形式。将源期刊的内容按照一定的格式转储到独立建立的数据库中，如万方数据中心数据库即属于这种形式。三是磁带版形式。将源期刊的内容用大型磁带机录入磁带，这是一种大容量信息存储方法，目前应用的已经很少。

9.数字期刊有哪些特点？

与传统期刊相比，数字期刊具有以下特点：在表现形态方面，体现出表现手段多样化、版面和容量的无限制性以及容易更新等特性。使用效率方面，体现出内容可检索性、超文本链接功能等优势，但同时又具有设备依赖性和保存安全性相对较低的劣势。在传播性能方面，体现出传播的实时性、高度的共享性和良好的互动性。成本效益方面，体现出维护成本的稳定性、无供不应求或供过于求的不稳定性、销售渠道的便捷性。

10.数字期刊主要商业模式有哪些？

数字期刊的主要商业模式有以下两种：一是目前最成功、最普遍存在的技术与内容相结合的模式——期刊数据库。期刊出版商通过期刊网络化、数字化，达到期刊的再营销。二是技术提供商与期刊社联合经营的模式——版权代理。技术提供商不仅做技术支持，而且高价买断期刊的数字版权，成为数字期刊的独家代理。

11.国内目前数字期刊主要技术提供商有哪些？

目前，国内比较有代表性的数字期刊技术提供商有同方知网(北京)技术有限公司、万方数据科技有限公司、维普资讯有限公司、龙源数字传媒有限公司。这四家公司已占据了绝大部分市场份额，其生产能力及年生产规模也同样占有绝对优势。他们最早面向机构用户市场，在对知识资源有最强烈需求的高校、科研机构、公共图书馆等领域最先开始应用，后来逐渐向更广泛的行业领域扩展。

12.什么是数字报纸？

报社或者技术提供商通过数字技术(当今最新的媒体技术和网络传输手段)，把纸质报纸上的内容转换成适合计算机、手机等各种数字终端使用的格式，并通过电子屏幕显示出来。数字报纸继承了传统媒体的内容信息，又融合了视频、音频、动画等全新内容，声像并茂、绿色环保、操作直观、简洁方便，令人耳目一新。

13.数字报纸的表现形式是怎样的？

在数字化转型的过程中，数字报纸的表现形式主要有以下几种：手机报、网络报纸等。就受众可感受到的媒介形态变化而言，实际上主要基于三种基本的接触界面，即手机、计算机和电子显示器。

14.数字报纸有哪些特点？

数字报纸不仅继承了传统报纸的核心精髓，同时借用网络技术进行了传播功能的延伸和创新。因此,与传统报纸以及与传统新闻网站相比,数字报纸具备以下几方面的特点:一是传统报纸的版面信息可以完整呈现。一方面再现报纸版面语言的魅力,让读者在全新的网络环境中能够快速抓住兴趣点,提高阅读效率,另一方面还实现了报纸内容和广告内容在网络上的有效延伸。二是形式功能的多媒体化。一方面,数字报纸在内容上突破了只有文字和图片的天然局限,可以方便地插入音频或者动画,使得新闻报道真正做到"有声有色"。另一方面,读者不仅可以任意放大、缩小页面与字体,而且可以利用先进的导航和检索技术,查询自己所需的新闻。同时,数字报纸的更新速度大大提高,打破了地域和时间的限制。

15.数字报纸的主要商业模式有哪些?

数字报纸的商业模式,并不等同于在维持传统报业的经营格局同时,简单增加网络、手机、电子报纸、数据库等新媒介的经营部分,而是在统一的数字平台上,实现新的经营方式的对接,把价值链延伸到相关产业。在数字报纸商业模式的探索中,要注意以下几个方面:一是从单点赢利到多点赢利。数字报纸的核心专长是内容信息生产,但其传播手段、产品模式、对象用户、收入结构等都已经多样化。通过技术融合和平台融合打造多终端媒体,生产的产品通过多媒介多渠道传播和销售。二是从以读者为中心到以用户为中心。数字媒体时代,就是将读者视为用户,了解用户信息,分析用户画像,提高用户对内容的满意度,同时根据用户数据库开拓其他赢利模式。三是从粗放管理到精细管理。报纸的精准营销需得到重视,要更加注重用户对报纸本身的反馈以及发行效果。

16.数字报纸主要的消费对象有哪些?

目前的数字报纸类型中,无论是以固定阅读终端为依托的新闻网站、多媒体数字报,以移动阅读终端为依托的手机报、APP版数字报纸,还是户外公共阅读终端为依托的电子阅报栏,都是通过互联网或移动网络进行信息传输的。因此数字报纸的潜在消费对象就是互联网用户、手机网络的移动互联网用户。截至2017年6月,我国网民数量规模达7.51亿人,互联网普及率为54.3%,手机网民数量规模达7.24亿人。

17.什么是网络游戏?

根据中国互联网络信息中心对网络游戏的定义,网络游戏是以电脑为客户端,互联网络为数据传输介质,必须通过TCP/IP协议实现多个用户同时参与的游戏产品,用户可以通过对游戏中人物角色或者场景的操作实现娱乐、交流的目的。另据2010年8月1日起开始实施的《网络游戏暂行管理办法》,其对网络游戏的定义是:由软件程序和数据结构构成,通过互联网、移动通信网等信息网络提供的游戏产品和服务,其表现形式主要包括以客户端、网页浏览器及其他终端运行的各种网络游戏。主要包括了PC端网络游戏、网页游戏、手机游戏及其他移动互联网游戏。

18.网络游戏是如何分类的?

网络游戏与网络音乐、网络视频等是当前人们网络休闲娱乐的主要方式之一。当今的网络游戏类型已经比较健全,分支繁多,而业界对网络游戏的分类也是多种多样。中国互联网信息中心在网络游戏产品历次调查中,都将网络游戏划分为浏览器游戏(如《天书奇谭》《天地英雄》等)、休闲类网络游戏(如《斗地主》《跑跑卡丁车》等)、MMORPG 大型多人在线角色扮演游戏(如《魔兽世界》等)三大类。将休闲类网络游戏又细分为对战平台类游戏、棋牌类网络游戏、大型休闲游戏三小类。其中 MMORPG 大型多人在线角色扮演游戏和大型休闲游戏被统称为大型多人在线游戏(MMOG)。另从技术的角度,网络游戏也可分为 2D、2.5D、3D 游戏。从游戏运行对游戏终端的依赖程度,可将网络游戏分为客户端网络游戏、浏览器网页游戏和移动网络游戏。

19.客户端网络游戏的发展特征是怎样的?

根据《2016 年中国游戏产业报告》来看,我国客户端网络游戏市场,销售收入同比下降 4.8%,用户同比增长 1.4%。虽然客户端网络游戏受电子竞技影响而出现用户回流,用户出现增长。但相比于传统的角色扮演类客户端游戏,竞技类客户端游戏用户付费率与 ARPU 偏低,对市场收入增长带动有限,无法抵消角色扮演类游戏用户流失造成的收入减少。此外,不少客户端游戏市场主力产品改编成同名移动游戏,造成的用户分流,也拉低了客户端游戏市场实际销售收入。

20.我国网页游戏的发展状况是怎样的?

网页游戏历经多年发展,呈现出以下状况:网页游戏市场规模迅速扩大、网页游戏市场占有率持续上升、网页游戏付费用户数量增加、网页游戏产品数量增长速度放缓、精品化网页游戏周期增长、网页游戏销售强度明显增加、企业开拓海外网页游戏市场的活跃度快速提升。

21.当前手机出版有哪些形态?

手机报纸、手机期刊、手机小说、手机音乐、彩信、彩铃、手机动漫、手机游戏、手机视频等。

22.手机出版物有哪些特点?

与传统互联网出版相比,手机出版物有以下几个特点:一是突破了数字内容资源应用的两大发展瓶颈。一方面实现了用户数量的飞跃,手机出版物相对互联网出版物更容易实现突破的原因在于,手机用户多于互联网用户,庞大的用户群体为手机出版物的发展提供了丰厚的土壤;另一方面解决了支付瓶颈的约束,手机本身的计费功能,解决了困扰 B2C 市场的支付难题,如今微信、支付宝等支付方式的兴起,也让用户的支付渠道更加畅通了。二是手机出版物门类齐全。从内容上看,目前,传统新闻出版单位和数字内容及技术提供商纷纷推出手机出版物。各大主流媒体均推出了自己的手机报业务,出版社着手出版手机小说,数字内容提供商也是如此。我国已经初步形成了手机小说、手机报纸、手机期刊、手机原创文学、手机游戏、手机音乐等门类齐全、灵活多样的手机出版格局,受众可以在较大的空间里按需所取。三是手机出版物表现形式丰富。随着移动通信技术在我国的广泛使用,音频、视频等数据的无线网络传输速度得到飞跃性提升,流媒体兼容性更强,手机出版也突破了图书传统的图片、文字表现形式,而以视频、音频、图片、文字、动画等多媒体形式来表现,手机出版的内容吸引力和表现方式得到极大增强,也将成为整合视频、音频、图片、文字等多媒体资源的全媒体,手机出版物会有更大的发展潜力和空间。

23.手机音乐发展情况是怎样的?

手机音乐是各种手机音乐服务的总称，主要包括各大电信运营商向用户提供炫铃、在线试听、音乐下载、音乐点播等服务，并结合音乐资源向用户提供音乐资讯、音乐搜索、音乐排行榜、彩信音乐杂志、音乐俱乐部等综合音乐服务。总体来看，手机音乐的发展历史，主要经历了以下几个发展阶段：一是起步阶段(2000～2007年)：西门子6688手机推出，创造了手机MP3＋存储卡＋JAVA功能，用户可将MP3格式音乐导入手机存储卡中，通过播放器进行手机音乐的播放，开始了手机音乐新篇章。二是初步发展阶段(2008～2011年)：2008年，苹果IPhone开始向全球22个国家发售，并最终增至80个国家和地区，IPhone手机开始进入中国市场，智能手机开始发展。与此同时，手机音乐播放器功能开始多样化、个性化，并发展成能够支持在线收听的手机音乐APP。手机音乐APP、手机网页、社交应用等在线音乐开始启蒙，天天动听、酷狗音乐、酷我音乐相继开发针对IOS和安卓系统的手机音乐APP。三是快速发展阶段(2012～2016年)：2012年，中国智能手机出货量首次超过功能机。在小米、联想、华为、酷派等国内手机厂商的推动下，安卓智能手机价格降至千元以下，推动了国内智能手机出货量猛增。国家工信部数据显示，2012年国内智能手机出货量累计2.58亿部，同比增长166.8%，出货量超历年总和。在智能手机快速普及带动下，手机音乐APP快速发展，已经成为手机音乐的主要组成部分，截至2016年上半年，中国手机音乐APP市场规模达到43.1亿元，手机音乐用户达到4.34亿人。受益于智能手机的普及，手机音乐目前已进入快速发展阶段。现阶段手机音乐APP已成为手机音乐行业增长主力军。

24.我国手机阅读发展情况是怎样的?

相对于美国、日本等国家,我国的手机阅读发展比较晚,而且手机阅读开端于短信息这种渠道传播的手机文学。在2004年,出现了第一部手机小说《城外》。电信运营商、第三方增值业务商以及一些早期的互联网公司很早就开始注意到手机阅读的市场前景,并与出版社、杂志社和网络小说家合作,开始进入手机阅读领域。与此同时,一些早期的手机阅读软件被开发出来投向市场。发展到2009年,三大电信运营商纷纷推出自己的3G网络,也先后建立自己的手机阅读基地。2010年开始,随着智能手机和3G网络的普及,各种围绕手机开发出来的阅读软件层出不穷,我国的手机阅读也开始进入一个全新的阶段。截至2016年6月,我国使用手机上网的网民规模达到6.56亿人。如今,手机阅读已经成为中国网民所熟悉并广泛使用的阅读方式。手机阅读应用也在高速发展中,目前市场能找到的手机阅读软件有上百种。随着越来越多的互联网巨头进入手机阅读行业,手机阅读应用市场的竞争也将进入异常激烈的阶段。

25.我国手机游戏发展情况是怎样的?

我国的手机游戏是随着移动互联网的发展而发展的。在2012年6月手机网民数量便超过了PC网民数量,也是在这一年,手机游戏出现井喷式增长。如今,全网用户中超八成是手机网民,而在所有的手机应用中,手机游戏所占比例最高。纷繁的手机游戏已成为人们线上娱乐生活不可或缺的一部分了。2016年,中国游戏市场实际销售收入达到1655.7亿元,同比增长17.7%,增长率相对上年有所放缓,但销售收入增量保持稳定。

中国游戏产业各个细分市场发展逐渐明朗，客户端游戏与网页游戏市场份额同时出现下降，移动游戏继续保持高速增长，家庭游戏机游戏尚处于布局阶段。按细分市场划分，2016 年，移动游戏市场占比超过客户端游戏市场达到 49.5%，成为份额最大、增速最快的细分市场。

26.我国手机动漫发展情况是怎样的？

手机动漫从字面上来讲是以手机作为主要体验载体的动漫传播和体验。2006 年以前，我国整个动漫行业是自然发展的过程，2006 年以后在政府的大力推动下开始蓬勃发展。到 2013 年以后，随着智能手机的普及，手机动漫又带给了行业新的发展高峰。在消费形式上，由看动漫变成了玩动漫，手机动漫给消费者带来了体验感。而且动漫源于真实生活记录以外想象的再创造，是文化内容的一种体现形式。因此，有专家预言，整个世界未来可能都要跨入动漫时代，包括电影、新闻播出都开始进行虚拟影像播出。这些都为手机动漫发展带来更大的机遇。

27.我国手机视频发展情况是怎样的？

手机视频是指基于移动网络，通过手机终端，向用户提供影视、娱乐、体育、音乐等各类音视频内容直播、点播、下载等服务的业务。我国的手机视频业务类型主要有以下三种：一是基本延续传统电视形态的手机电视；二是手机网络视频，分为网页版与客户端两种；三是手机视频使用与分享，有可视电话、视频会议、视频邮件、即时通信等。随着移动网络和智能手机的发展，手机视频的用户还将呈爆发式增长。手机视频产业也将迎来新的发展高峰。

28.什么是数字动漫?

数字动漫是指漫画和动画作品突破以往单一的传播渠道,以手机、网络、移动电视、数字电视、触摸媒体等平台向观众展示。目前,数字动漫作品主要通过数字化出版平台展现,这开启了我国动漫作品的数字化征程,带领我国动漫作品进入全球竞争阶段。数字动漫经过最初的网络动漫阶段,随着技术变革,逐渐发展到以智能手机为载体的崭新阶段,动漫内容呈现方式更加丰富,传播载体更加多样化。在不同的移动终端之间,数字动漫都可以做到游刃有余。特别是随着最新移动通信技术商用的推广,具有强大娱乐功能的动漫作品直接带来了用户体验的根本性变化。

29.数字动漫的表现形式是怎样的?

新媒体的出现,让漫画传播如虎添翼,传播更为广阔。我国数字动漫的发展已经起步并且进入快速发展的阶段,目前拥有以下几种传播方式:一是网络动漫。网络动漫是一个相对完整的动漫内容传媒领域,包括动漫企业或个人通过互联网制作和传播动漫作品,发表相关信息,以及提供以动漫形态表现的各种增值应用服务,并从中获得收益。网络动漫具备传媒的所有特征,包括明确的动漫作品及其制作者与传播者、传播途径和手段,还有受众。二是手机动漫。动漫产品在手机媒体中传播内容的主要表现形式可以分为网页浏览、客户端阅读、彩信浏览等,这些形式优势互补,为用户带来全面、便利、贴心的观赏体验。

30.什么是数字视频?其播放形式有哪些?

数字视频指由动态的影像画面所构成的影像。从媒体的格式来说,电视节目、电影等都是视频。数字视频即以数字形式呈现的视觉信息。目前数字视频的播放形式主要是围绕人们户外的楼宇电视、公交电视、地铁电视,以及围绕电脑和智能终端的网络视频。

31.什么是网络文学?

所谓网络文学,就是以网络为载体而发表的文学作品。业界关于网络文学也存在诸多讨论,归纳起来有两类:一种观点认为网络只是单纯的媒介,不会改变文学的本质,网络文学其实和依托印刷媒介的纸质文学没什么两样。另一种观点认为网络文学在创作、题材、发表和传播阅读方式等方面都很大程度上区别于传统文学。就目前来看,可以从广义上和狭义上来界定网络文学:广义上,只要是通过网络传播的文学作品就是网络文学。狭义上,利用多媒体技术和网络交互作用创作的超文本、多媒体作品,以及借助特定电脑软件生成的"机器之作",这类作品离开网络就不能生存,是真正意义上的网络文学。

32.网络文学的表现形式是怎样的?

网络文学与传统的文学相比,其表现形式更加多样化。传统的文学主要是通过纸制品的形式表现出来,可以做到图文并茂的效果,但是内容是静态、固定的。但网络文学以计算机和网络为载体,采用网状结构组织块状信息,读者可以随机进行非线性的重新组合。可以结合多媒体在文中插入声音、图像、影像等资料,极大地丰富了网络文学的表现形式。

33.什么是网络教育出版物?

网络教育是利用网络技术、多媒体技术等现代信息技术手段开展起来的新型教育形式。相对于面授教育而言,网络教育最大限度地突破了教育的时空限制,是师生分离、非面对面组织的教学活动，是一种跨学校、跨地区的教育体制和教学模式。网络教育出版就是基于网络的教育出版，是融网络技术、教育知识、出版形态的三合一的跨界行为。网络教育出版物，即出版机构满足人们进行网络教育与学习过程的数字产品。

34.网络教育出版物的表现形式是怎样的?

网络教育出版物最主要的表现形式是网络教材、网络教育资源、网络教辅 3 种产品。

网络教材是网络版的学生教材，是实现教育信息化最核心的内容，需要体现课程标准和教学要求，并能充分体现网络教学的特点。

网络教育资源是供网络教学使用的各种数字化资源，包括教学课件、试题及参考答案、教参、教学素材等。

网络教辅是网络教材的辅助读物，是充分利用网络资源辅助教学的工具。网络教辅既可能是一个数据库，也可能是一个网站或其他形式。网络教辅一般具有师生互动功能。

35.什么是资源数据库出版物?

资源数据库出版物是将同一体系的内容通过数据库形式集成出版，方便用户查询某一领域的信息。数据库出版物的制作耗费时间久，信息要求全面、准确，具有很强的专业性，一般需要专业人士有组织地进行编撰。

36.资源数据库出版物是如何分类的?

资源数据库出版物包括集成性网络全文数据库出版物和专题知识数据库出版物。集成性网络全文数据库出版物是相对于独立网络出版物来说的。独立网络出版物，比如单个期刊的网络版，其内容范围往往没有超出纸质版；而集成性网络全文数据库，则是将某个领域的甚至是全国范围正式出版的某类出版物（如期刊）集中起来，以数据库形式整合汇编到一起，提供具有增值服务功能的一种网络出版物。比如中国知网出版的《中国学术期刊网络总库》、维普资讯出版的《中文科技期刊数据库》等。专题知识数据库出版物是基于集成性网络全文数据库出版物而面向用户的个性化出版物。它是指根据某个行业、某类用户群的需求特点，以他们关心的主题选择内容，以他们的分类思维和使用方式编辑内容、定制服务功能，为他们量身定制的一种网络出版物。比如中国知网推出的《汽车维修技术数字图书馆》《政协参政议政知识库》等。

37.什么是数字音乐？

数字音乐按其基本内涵来讲，就是用数字格式存储，可以通过网络进行传输，运用数字技术进行处理的音乐，它的实质是一串由“0”和“1”组成的二进制数字信号。

38.数字音乐有哪些特点？

由于数字音乐是以数字格式记录和存储的，一般具有如下特点：一是无实物载体。传统音乐总是附着在某种实物介质上，如唱片、磁带、光盘等。数字音乐的出现打破了这一传统，它以数字信号的方式被储存在服务器里，在网络空间中流动传输，根据人们的需要被下载和删除，它的传播不再依赖于某种实物载体。二是传输速度快。数字音乐以数字信号的方式在网络空间中传输，其速度不是以物流方式进行传播的传统音乐可比拟的。三是音质不产生损耗。传统音乐载体，如磁带、光盘等，在多次使用后会产生不同程度的磨损。数字音乐没有实体形态，所以不存在磨损的情况，无论被下载、复制、播放多少遍，其音质都不会发生变化。四是易于计算机处理。传统音乐的制作和传播必须由受过严格训练的专业人士使用复杂的器材、通过专用的渠道进行。数字音乐的制作则可以运用各种便捷的音频编辑软件对其进行处理，并可以达到采用很多传统手段难以实现的效果。普通的音乐爱好者使用软件就能制作属于自己的个性音乐，并将其放到网上交流。这降低了音乐制作和传播的门槛。

39.什么是网络地图？

网络地图是利用计算机技术，以数字方式存储和查阅的地图。网络地图储存资讯的方法，一般使用向量式图像储存，地图比例可放大、缩小或旋转而不影响显示效果。现代电子地图软件一般利用地理信息系统来储存和传送地图数据。目前我国用户较常用的几个网络地图有百度地图、腾讯地图、高德地图、谷歌地图以及搜狗地图等。

40.网络地图是如何分类的？

目前互联网上的电子地图从功能上来讲主要有两大类：一类是阅读型的网络电子地图。主要用于单一的地图显示和阅读，只提供放大、缩小、漫游等功能，没有空间信息数据库的支持，不能用于查询分析，即该地图不能被点击。如微软 Encarta 网站提供的地图，分析功能很少。另一类是交互型的电子地图。交互型电子地图是在数据库和软硬件资源支持下，能实现对电子地图各种操作，如显示阅读、属性查询、空间检索分析、热点链接、打印输出、发送邮件等。交互型的电子地图是当前研究的主要方向之一，在数据组织管理、功能操作、用户界面友好等诸多方面，都体现了电子地图技术水平，已成为网络电子地图的主流。目前大多数网络电子地图产品均属于这一类。

41.网络地图有哪些特点？

网络地图主要有以下特点：一是适应性强。由于网络电子地图是基于互联网和移动互联网的，因而它是全球性的。地图使用者可以在地球任意位置用网络终端浏览、查询任意地区的地图，不受地域的限制。二是即时性好。网络电子地图是在网上发布的，能对地图进行实时更新，因而人们可以通过互联网得到最新地图，获取最新信息。三是使用简单。网络电子地图用户可以直接从网上下载阅读软件以及获取所需要的各种地图，而不用关心地图阅读软件及地图的开发、维护、更新和管理。四是数据共享、资讯便利。网络电子地图能够避免数据的重复采集和处理，节约了费用，并且能够实现数据共享。

第三部分 新媒体概念及常识

1.什么是新媒体?

新媒体是相对传统媒体而言的数字媒体,是继书、报、刊、广播、电视等传统媒体之后发展起来的新的媒体形态,是利用数字技术、网络技术、移动通信技术,通过互联网、无线通信网、卫星等传播渠道,以及电脑、手机、数字电视等终端,向用户提供信息、娱乐服务的传播形态和媒体形态。

2.新媒体的基本特征有哪些?

新媒体的基本特征:①新媒体是数字媒体。新媒体建立在数字技术和网络技术的基础上。新媒体是主要以计算机信息处理技术为基础,以互联网、卫星网络、移动通信网等作为运作平台的媒体形态,它包括使用有线与无线通道的传送方式,如果说传统媒体是工业社会的产物,那么新媒体就是信息社会的产物;②新媒体是一种复合的多媒体。传统媒体是单一媒体,新媒体的内容呈现方式可以根据需要在各种媒体之间转换或兼而有之;③新媒体是具有充分互动性的媒体。新媒体内容的发送者与接收者之间可以借助网络充分互动、交流；④新媒体具有全天候和全覆盖的特征。受众接收新媒体信息，大多不受时间、空间的制约；⑤新媒体的边界不断变化，呈现出媒介融合的趋势。

3.什么是数字媒体？

数字媒体是建立在数字技术基础上的新兴媒体，由此衍生的媒体形态就是数字媒体形态。按照百度百科的解释，数字媒体是指以二进制数的形式记录、处理、传播、获取过程的信息载体，这些载体包括数字化的文字、图形、图像、声音、视频影像和动画等感觉媒体和对这些感觉媒体的编码等，统称为逻辑媒体，以及存储、传输、显示逻辑媒体的实物媒体。但通常意义上所说的数字媒体指感觉媒体。数字媒体形态包括数字广播媒体、数字电视媒体和IPTV等。

4.什么是全媒体？

对于“全媒体”概念及内涵的探究，目前学术界并未提出具有很强的概括力和描述性的核心定义。通过对全媒体发展实践的观察发现，全媒体概念的出现，是随着近年来信息技术和通信技术的发展、应用和普及，在以往的“新媒体”“媒介融合”“跨媒体”“多媒体”等概念和实践应用的基础上逐步衍生出来的新形态。从广义上看，全媒体是指对媒介形态、媒介生产和传播的整合性应用。从狭义上看，全媒体是指立足于现代技术的发展和媒介融合的传播观念，综合传统媒体与新兴媒体，在媒介内容生产、媒介形态、传播渠道和传播方式、媒介运营模式、媒介营销观念等方面的整合性运用。

5.什么是博客？

博客，英文名为Blogger，为Web Log的合成词。它的正式名称为网络日志，是一种通常由个人管理、不定期张贴新文章的网站。博客上的文章通常根据张贴时间，以倒序方式由新到旧排列。许多博客专注在特定的课题上提供评论或新闻，其他则被作为个人的日记。一个典型的博客结合了文字、图像、其他博客或网站的链接及其他与主题相关的媒体，能够让读者以互动的方式留下意见。大部分的博客内容以文字为主，仍有一些博客专注在艺术、摄影、视频、音乐等各种主题。博客是社会媒体网络的一部分，比较著名的有新浪、网易等博客。

6.什么是微博？

微博（Weibo），微型博客（MicroBlog）的简称，即一句话博客，是一种通过关注机制分享简短实时信息的广播式的社交网络平台。微博是一个基于用户关系信息分享、传播以及获取的平台。用户可以通过 WEB、WAP 等各种客户端组建个人社区，以最多 140 字（包括标点符号）的文字更新信息，并实现即时分享。微博的关注机制分为可单向、可双向两种。

7.什么是微信？

微信，是一款为智能终端提供即时通信服务的免费应用程序，微信支持跨通信运营商、跨操作系统平台，通过网络快速发送免费（需消耗网络流量）语音短信、视频、图片和文字，同时，也可以使用通过共享流媒体内容的资料和基于位置的社交插件“摇一摇”“漂流瓶”“朋友圈”“公众平台”“语音记事本”等服务插件。

8.博客、微博有哪些特点？

从传播主体来讲，博客、微博都存在较强的草根性和去角色化特征；从文本特征来讲，博客、微博呈现出一种交汇于公共性与私密性之间、更为中性与杂糅的文本风格；从传播方式来讲，博客、微博不同于IM、Email的“一对一”、BBS的“多对多”“群言式”的讨论特点，它们同时包容了“一对一”（如微博私信、博客的好友关注）、“多对多”（如博客群、微话题）、“一对多”（公民新闻和名人博客）的传播模式。

9.微信有哪些特点？

微信作为一款定位于移动端的社交软件，主要有以下几个特点：一是即时性、互动性。微信可以像对讲机一样即时对话、互动。二是强社交性。微信倡导的是一种半熟社交，现实中可能完全陌生的人，可能因为共同的爱好通过微信平台而进行广泛的交流。三是沟通方式的同步性与异步性相结合。同步性指同时做出动作，以达到交流的目的，例如“摇一摇”。异步性是指非同时做出的动作也可以实现交流的目的，如“漂流瓶”。另外微信推出的企业、个人公众号、网络购物支付平台等，为企业宣传、人民生活都提供了一个全新的平台。

10.什么是自媒体？

自媒体又称“公民媒体”或“个人媒体”，是指一般大众而非专业媒体组织所产制的媒体。微博、维基百科等属于自媒体。

11.什么是多媒体印刷阅读出版物(MPR出版物)？

MPR(Multimedia Print Reader)出版物，即多媒体印刷阅读出版物，是以MPR码将音视频等数字媒体文件与印刷图文关联，实现同步呈现，满足读者视听需求的一种复合形态出版物；是一种以唯一性关联编码为基础，以印刷矩阵式二维码为机读符号，对多种出版载体和表现形式进行整合和精确关联，形成以纸质印刷载体为基础的多媒体复合数字出版形态的出版物。

MPR出版物将数字技术引入传统印刷技术支持的出版活动，实现了纸质出版物的有声听读，可以满足阅读者通过视听，多感官、抽象化与具象化全方位获取信息的需求，可实现基于新技术手段的横向阅读、深度阅读、多维度阅读，是数字技术时代对出版形式的突破，是一种全新的出版物种。MPR出版物技术具有编码容量巨大、成本低廉、可靠性强和印制便捷等特点，与数字出版实现了良好的衔接，对我国传统出版产业完成改造升级、平稳转型将发挥重要的支撑作用。MPR作为我国具有完全自主知识产权的技术标准，代表了信息资源整合应用的发展方向。

12.什么是移动通信媒体形态？

移动通信媒体形态，即手机媒体形态，它是将移动通信与互联网结合在一起的媒体形态，是继报刊、广播、电视和网络媒体之后的“第五媒体”。人类进入智能手机时代以后，手机不仅是用来打电话、接电话的通信工具，而且还可以在上面进行阅读、看视频，成为名副其实的媒体形态。手机媒体形态包括：短信彩信、手机报纸、手机期刊、手机图书和手机电视。

13.如何认识新媒体产业的特征？

与传统的传媒产业相比，新媒体产业具有其自身的特点。这一方面是源于新媒体与传统媒体的差异性，另一方面是源于新媒体存在的社会环境具备了新的要素。

新媒体产业的特征：①由媒介融合带来的产业融合：媒介融合是媒体发展的一个大趋势，新媒体的出现更是加剧了其向前的进程。而媒介融合除了改变媒介本身的存在形式与业务流程之外，如今其影响力也逐步渗透到其他产业，由媒介融合带来全新的产业融合；②社交属性与文化属性的结合：新媒体的低门槛限制意味着人人都有了接近媒介的可能。伴随着媒介接近而来的是一种普遍的社会交往与文化衍生。社交属性与文化属性的结合是新媒体产业经济的一大特征；③媒介属性与商业属性结合：新媒体承担着媒体的一些公共职能，在社会运行过程中发挥着传播信息，协调社会，舆论监督等作用。在新媒体时代媒介信息的生产主体更加多元，传播渠道更加丰富，影响效果更加广泛。然而承担媒介职责不过是新媒体的一部分，由于缺少公共的资金支持，它们需要自负盈亏。因此在发挥媒介职能的同时，它们也在不断结合自身的特色进行商业应用。新媒体在媒介属性的基础上建立起自己生存发展的优势并不断发展壮大；④信息经济与产品经济结合：新媒体产业经济是虚拟的信息经济与实体的产品经济的混合体。从信息到产品，在这样一个过程中新媒体产业打破了传统产业之间的界限，实现了优势在不同领域之间的转换。经营新媒体需要有非常广阔的视野，能够打通不同行业之间的壁垒，充分发现在繁杂的资讯信息用户数据背后所隐含的商机，并且具备将商机转化为实际资本回报的能力。

14.新媒体产业价值链的构成包括哪些部分？

新媒体产业链构成要素包括内容联盟、技术设备支撑系统、平台运营系统三个部分。①内容联盟：新媒体产业价值链当中的内容提供商，其内容来源主要是传统媒体、自媒体用户、其他新媒体；②技术设备支撑系统：技术设备支撑系统的形成，从技术层面保障产业价值链的顺利运行。它包括基础性的网络设施、硬件设备、软件服务等。基础性网络设施诸如宽带、移动网等；硬件设备包括电脑、手机、其他移动终端及连接设备等；软件服务包括操作系统、各类软件等；③平台运营系统：平台运营系统由用户、广告主、平台运营商、营销机构组成。这个系统是整个新媒体产业价值链的关键所在。它建立在内容联盟与技术设备支撑系统之上，并在实际的运作过程中，为内容的提供、技术的改进提供反馈。在平台运营系统中，各个主体基于一定的利益诉求相互关联起来，各取所需，互利共生。其核心是实现用户与广告主的有效沟通，促进商品供应信息与用户需求信息达成匹配。

15.新媒体经营的内容包括哪些？

新媒体经营的内容主要包括渠道和产品。①广告服务：对于具有丰富流量资源的新媒体而言，广告是其收入的一个重要方面，也是新媒体经营的一个最为基础的内容。在新媒体时代，广告是通过大规模的数据运算，实现更为精准实时的定位与个性化的广告传播；②专业化的信息服务：专业化的信息服务源自于海量信息不断占据我们生活的这个事实。专业化的信息服务具有多种类型，如信息内容的付费订阅、数据报告与问题咨询、沟通需求与供给的信息服务（提供分类信息的网站和应用）、个性化定制（如旅行方案、医疗体检）等；③网络游戏：游戏经营已经成了新媒体经营的一个重要组成部分，作为营收的来源，为其他业务的开展提供资金支持。游戏根据用户在游戏中的需求设置相关的付费点和付费情境，并创造出一种长期持续的投入机制从而获得长久的收益。腾讯、网易、搜狐这些新媒体巨头们都表现出对游戏经营的高度依赖；④增值服务：增值服务主要是指在免费的基础性的服务之上所提供的一种附加性的服务，最为典型的代表就是会员制度。增值服务的服务对象并非产品的所有用户，而是对产品有着更为深度需求的一部分人；⑤智能产品：智能产品从虚拟跨越到实体，是软件向硬件的过渡。专业的新媒体公司如今已经开始在软件信息的基础上向智能产品迈进，将自身的优势向人们的日常生活延伸。这些在信息、软件基础上发展而来的智能产品正在改变我们的生活形态，也成了新媒体公司未来的一个发展方向。

16.什么是新媒体用户自主生成内容(UGC)?

UGC(User Generated Content)指用户自主生成内容，最早起源于互联网领域，即用户将自己原创的内容通过互联网平台进行展示或者提供给其他用户。UGC是伴随着以提倡个性化为主要特点的Web 2.0概念兴起的，它并不是某一种具体的业务，而是一种用户使用互联网的新方式，即由原来的以下载为主变成下载和上传并重。随着互联网运用的发展，网络用户的交互作用得以体现，用户既是网络内容的浏览者，也是网络内容的创造者。

17.新媒体环境下的碎片化传播主要有哪些特征?

人人都是传播者，多种可供选择的媒介、内容，以及无处不在的信息接收者，这些因素共同造就了新媒体的碎片化传播特征。这种碎片化传播特征为新媒体所独有，它主要包括内容碎片化、媒介多元化和受众具象化。

①内容碎片化：主要表现在用户接收到的信息零碎而庞杂。新媒体传播的低门槛使得任何用户都能参与到媒介内容的生产当中，虽然丰富了新媒体上的信息，但也使得媒介内容变得碎片化，包括事实性信息传播的碎片化与意见性信息传播的碎片化；②媒介多元化：主要表现在用户接收信息的情境与方式不再

固定。新媒体赋予了用户信息接收的主动权，而不必受制于信息接收的环境。人们可以在任意时间任意地点读报纸、听广播、看电视，无论是在餐厅、商场、住所，还是在各类交通工具上；③受众具象化：受众的时间与思维在频繁的媒介接触和海量信息的裹挟中变得支离破碎。由于传播渠道的整合，人们可以通过移动终端随时随地接收信息；由于传播内容的极大丰富，人们可以很容易找到自己感兴趣的内容。

新媒体的这些特点如同一把双刃剑，其负面效果是人们花在媒介接触上的时间更长，“媒介依赖症”进一步加深；新媒体对用户时间的切割，还造成了用户思维的碎片化。

18.二维码在图书出版行业的应用可以带来哪些好处？

二维码在图书出版行业的应用可以带来以下好处：①降低成本，延伸内容。利用二维码储存信息，可以大大减少图书版面数量，降低印刷成本；也可以替代现有配盘业务，减少光盘成本；实现出版物内容延伸与扩展；②多样化呈现，实现媒体融合。扫描二维码可将与图书内容相关的音频、视频、动画、图文等数字信息通过移动智能终端进行多样化呈现，实现媒体融合；③线上线下，整合营销。扫描二维码可与在线商城实现O2O无缝连接，提高图书销售转化率，提升图书市场价值；④互动分享，多渠道传播。用户扫描二维码获取的数字信息，可通过微信、微博、QQ空间等形式分享，实现图书信息的再次传播，扩大图书出版影响力；⑤跟踪读者互动，实现选题规划。可实现与读者的双向沟通交流，获取用户的反馈意见，有助于图书修订和完善，帮助图书选题策划；⑥掌控用户数据，促进市场营销。可跟进每一本书对于读者的后续服务，有效统计图书的读者群信息，评估发行及销量，为市场营销提供帮助；⑦推进传统出版数字化进程。二维码是移动互联网重要入口，传统出版编辑掌握了最基本的“二维码＋图书”应用技能，会增强图书编辑互联网思维的形成，加快人才队伍建设，促进“互联网＋出版”产业链的形成，呈现良性互动，有利于传统出版数字化进程的整体推进。二维码在图书出版行业的应用很多，但二维码只是一个提供“数据链接”的工具，二维码链接背后应该为读者提供更多的内容增值和衍生服务。

第四部分 数字出版编辑及制作常识

1.数字出版产品的选题策划与传统出版物选题策划有什么区别?

传统出版物选题策划是指编辑人员开发出版资源、设计选题的创造性活动,是对即将出版作品的题目及其基本要素的构思、设计,它是出版工作流程中的前期准备工作,一般包括信息梳理、选题设计、选题论证和选题优化等步骤。而数字出版产品策划从一开始就是一种整体策划,它是对数字出版产品从创意、研发、生产到销售全过程的构思和设计。因此,在数字出版产品的选题策划过程中,我们的编辑不但要做好数字出版产品的研发策划,还要特别重视数字出版产品的市场营销策划。

2.数字出版编辑需要具备哪些业务素质?

数字出版有别于传统出版的特征是:具有数字技术记录、储存、呈现、检索、传播、交易的特点;具有在网络上运营,实现即时互动、在线搜索等功能;具有创造、合作和分享的特性;能够满足大规模定制、个性化服务的需要。因此,数字出版编辑应是通晓内容、技术、出版、经营、管理的高素质复合型人才。

第一，应具备数字出版策划的能力。在数字出版与传统出版共生的今天，编辑在策划能力上不能仅局限于传统出版，要具备较强的整合能力，数字出版并非简单地把传统出版的图书报刊转化成电子书的形式，而是要深度挖掘传统出版中的内容，将其内容进行再次加工整合，形成有效的数字内容，然后用数字载体形式进行传播。

第二，应成为数字产品的设计师和组织者。数字出版编辑不仅是数字产品的设计者，更是数字产品项目负责人。对于数字产品生产流程的各个环节，如立项、需求分析、设计实现、数据处理、系统测试、试运行、正式上线运行、后期维护等，数字出版编辑都需要进行整体设计和监控。同时，还要在现代传播中发挥组织和协调的作用。编辑在制定选题之后，必须把成熟的决策分解成个别相关部门的行动，推动、组织作者进行创作，协调各方面的工作，使传播渠道畅通，保证设计蓝图成为现实。

第三，应当是数字出版新技术的应用者。数字出版是依托技术的出版，虽然开发工作由专门的技术人员完成，但是在项目策划、项目开发、内容加工和运营维护的过程中，都需要编辑具备足够的技术能力来参与和完成。如果编辑不了解、不适应数字化出版的流程，不把工作模式尽快地转变到跨媒体、多介质同时交互运行的新流程中，就很难使编辑的工作与数字化出版的新环境对接，就很难实现对内容的科学管理，利用多媒体的传播渠道对内容资源进行全方位、立体化的开发。因此，作为数字内容的提供者，编辑必须把数字出版新技术作为一项必不可少的基本技能。

3.数字出版物选题策划应当遵循哪些基本原则？

选题策划是各类出版物，特别是数字出版物策划工作的灵魂，必须坚持以马克思列宁主义、毛泽东思想、邓小平理论、“三个代表”重要思想、科学发展观、习近平新时代中国特色社会主义思想为指导。选题策划是一个出版物成功与否最为重要的环节，也是拟定选题走向市场后获得较好社会效益和经济效益的根本保障。为了更好地促进我国出版产业的繁荣发展，更好地适应市场竞争和读者的需要，选题的论证审核就成为数字出版物选题策划中重中之重的工作环节。

数字出版物大多是汇编作品，其选题一般是由题目、原创者或汇编者、出版意图、读者对象、基本内容、基本需求、体例规范、素材储备、技术支撑、市场需求等部分组成。因此，选题策划的论证审核工作要从选题的导向性、作者和编纂者的资质水平、读者的定位、读者或用户基本需求、内容定位、体例、技术应用和市场需求等方面进行分析。

4.数字出版选题的读者定位应考虑哪些方面？

在选题策划时，要解决的一个重要问题是读者定位，即读者的具体构成，只有锁定了读者群，才能根据这个特定读者群的信息需求和使用信息技术的水平，以及信息消费的心理和习惯，策划出针对性强的选题。

第一，确定读者的类型。按照年龄，可以分为低幼（学龄前）儿童、在校中小学生、青少年、中年和老年读者；按照职业，可以分为国家公务员、教师、公司职员、农业从业人员、军事人员、科研人员和其他专业人员等不同领域的读者；按照地域，可分为城市读者和农村读者、经济发达地区读者和内地经济欠发达地区读者、国内读者和国外读者等。这些不同年龄、不同职业、不同地域的读者，在阅读需要、阅读兴趣、购买能力等方面，都会有较大差异。因此，认真研究他们之间的差别，对于做好选题策划工作具有重要意义。

第二，确定读者阅读需求层次。划分读者阅读需求层次，除要考虑读者的文化水平、文化素养以外，还要考虑读者的思想状况、生活态度、生活经验等多种因素。以文化水平、文化素养为主，综合考虑其他因素，可以把读者分为四个层次：一是专家型读者，包括科研机关的研究人员，或者在文教、金融、工程技术、医药卫生等行业的高级专业人员。他们主要是为了专业工作和科研活动需要查阅有关科学文化的发展动态和科研成果，收集有关的数据和文献资料等，因而阅读需要有明确的方向。二是高学历读者，他们一般具有本科以上学历，文化程度较高，有较好的阅读习惯，有较高的阅读、鉴赏能力。他们的阅读需要、阅读兴趣和阅读方向比较稳定。三是中等文化水平读者，这部分读者是大众文化信息消费的主体，主要包括具有中等文化程度的工人、农民、战士和机关、企业职工。他们除阅读实用性、专业性较强的业务技术培训教材外，主要阅读娱乐休闲类的科学文化普及读物和文艺作品。内容选择的从众心理较强，缺乏目的性和计划性。四是初等文化水平读者。这部分读者由于文化水平低、阅读书籍以消遣为主要目的，也是低俗文化容易泛滥的市场。对这类读者的阅读需求要加强引导，提高其自觉抵制不良文化的能力和意识。

第三，确定读者结构。不同类型和不同文化水平的读者组成一定的社会读者结构。系统研究不同读者群的阅读需求和阅读能力，是选题内容策划的重要环节。一是潜在读者与现实读者。有一定文化水平、有阅读需要和购买动机的人，都是选题的潜在读者。不仅有阅读需要和购买动机，而且在这种需要和动机的驱动下，有购买、阅读行为的人，便成为选题的现实读者。二是基本读者与随机读者。有些读者有明确的阅读目的和阅读要求，主动寻找他们需要购买和阅读的书籍，这类读者是书籍的基本读者。还有许多读者购买、阅读行为往往是由于偶然因素的触发和影响。如追随周围的人，或追随某一时期的读书潮流、读书热点而购买、阅读某些书籍。他们的购买、阅读行为缺乏自觉性、计划性和稳定性。

5.从哪些方面对数字出版物进行市场容量分析？

由于不同选题的消费模式和消费能力差异很大，其市场容量也有所不同。市场容量分析重点要解决三个问题，一是未出版的同类选题或相近选题的情况，这些资料大多可在各大出版单位、制作单位新产品预告中找到。了解未出版选题的情况，有利于对策划选题立意的创新和区分不同选题之间的差异。二是要了解同类选题和相近选题已出版的情况，由于已出版的选题对现有市场已进行了切分，如果策划的选题没有新意，则很难从现有市场中有效切割出读者来，这些资料，还有利于对读者需求的分析。三是要对已出版发行选题的销售情况进行分析，从中可获得真实的消费需求。只有最终从市场获得真实信息，才有利于对所策划选题的市场定位进行准确判断。

6.数字出版产品的市场调研能起到什么作用？

开展数字出版产品市场调研的作用有：一是有助于编辑和出版单位了解相关产品的技术应用背景。二是为数字出版产品的策划立项提供决策依据。三是可以增强出版单位的数字出版产品的竞争能力和企业的生存能力。

7.如何开展数字出版产品的市场调研？

数字出版产品的市场调研包含以下7个步骤：确定信息采集目标、设计信息采集方案、制订信息采集计划、组织实地调查、查阅文献资料、整理分析数据资料、撰写调研（立项）报告等。

确定信息采集目标是开展市场调研工作的前提和基础。按照数字出版产品类型、出版单位发展战略和市场需求的不同，编辑应该确定不同的信息采集目标。数字出版产品类型很多，在用户对象、发行渠道、价格策略、服务模式等方面差别很大，编辑需要进行信息采集的方向、渠道、内容也完全不同。同时，编辑还需要根据本单位数字出版战略规划，注意重点采集宏观市场环境的发展变化趋势，尤其要对出版单位所处行业未来的发展状况加以关注。而如果是调研具体的数字出版产品的实施，则要采集相关产品的市场需求信息、竞争状况信息和消费者购买行为信息等。

设计信息采集方案是指针对数字出版产品市场调查的需求，制订出信息采集的内容和来源、采集步骤和方法等具体工作事项的书面报告。信息采集的主要内容和来源包括相关数字出版产品的信息采集的目的、价格、用户情况、消费规模、信息采集来源和渠道状况等。信息采集的步骤和方法中应明确开展上述信息采集时的具体程序、信息采集表格、调查方法、样本采集范围、数量和抽样要求等。信息采集方案的设计既要客观具体、条理清晰、便于操作，又要避免面面俱到、内容过多、程序过繁。

制订信息采集计划是指明确信息采集工作的组织领导、人力配备、资金预算和进度安排等工作事项。计划中应明确是否建立信息采集的组织机构、负责部门、工作职责、问题反馈措施和协调机制;明确是否雇佣相关信息采集人员并开展培训指导;应明确投入资金总额、各科目费用安排、各阶段交付成果、时间要求、风险管理和相应的保障措施等。

在开展实地调查时,应根据信息采集方案和计划要求,综合采用观察法、实验法和问卷法或其中之一,做好信息采集线路安排、实地的用户问卷填写、信息采集中遇到的问题解决和信息采集材料的初步整理归类。文献调查是通过查询图书报刊、专利文献、政府公报、统计数据、学术数据库及商业数据库等文献源采集市场信息的调查方法,要注意确定好信息查询范围、文献类型和领域,选择好检索词组和策略,还要做好文献资料真实性的鉴定,确保做到真、新、全、准。

整理分析数据资料是指将原始调查资料和文献调查结果进行适当的清理、分类、合并和分析研究等工作。编辑应对原始调查表格和问卷逐份检查,剔除不合格的调查表,然后将合格调查表统一编号,以便于调查数据的统计。应将文献调查所获得的资料进行认真阅读、编号计数、时间排序、数据抽取和分类统计。在分析研究时,应根据调研方案要求,选择适当的方法开展数据挖掘和数据分析,如数据描述性统计分析、线性回归分析、方差分析和聚类分析等。编辑也可以将整理后的数据输入 Excel 等数据处理软件,生成统计结果及可视化图形,完成数据分析工作。

撰写调研(立项)报告是市场调研的最后一项工作内容,市场调研的成果将体现在最后的调研(立项)报告中。调研(立项)报告提交出版单位相关部门和领导审阅后可作为数字出版产品的立项依据。市场调研(立项)报告要按规范的格式撰写,一般的报告应包括题目、目录、概要、正文、结论、建议和附件。

8.如何定位数字出版物的底层支撑环境?

数字出版物的底层支撑环境,主要指的是数据采集环境、数据集成环境和数据回放环境,这些环境的搭建,主要是由软硬件来支撑的。一套数字出版物制作环境的配置,从前端的数据采集到中间的数据集成,再到后期的多级输出,少则数十万元,多则上千万元,而对于不同的出版物、不同的载体和不同的回放环境,其支持环境各有不同。如何根据业务需求,构建合适的底层支撑环境,对于数字出版物的制作是至关重要的。因此,选题策划中另一个重要的内容就是底层支撑环境的定位。一般说来,要根据出版物最终回放的环境,来确定整个制作环境的需求。例如,制作以数据为主要对象的出版物,需要根据库存数据量的大小,瞬时访问量和同时在线访问量的大小,以及网络带宽,来配置服务器和路由器。

9.在设计数字出版物功能的时候,需要考虑哪些问题?

数字出版物的制作是依托数字信息技术的,因此,现有数字技术所能实现的功能,都能移植到出版物中来。我们在设计出版物功能时,首先要考虑此类选题的使用目的是什么,读者会如何使用这个产品,读者在使用产品的过程中,可能会遇到什么问题,如何利用现有技术提供有效帮助,都是在功能定位时必须要解决的问题。一般来说,数字出版物要具有浏览、查找、输入、输出、定位等五大基本功能。例如浏览就包括自动浏览、延时浏览、时间可调的延时浏览、手控浏览、自由路径浏览、快速提要性浏览、欣赏性浏览等功能,查找包括全文检索、有条件的字符串查找、组合检索、智能型检索、在线检索等功能,输入输出主要包括文件导入、字符输入、非标字符输入、在线输出、离线输出等形式。

10.从哪些方面对数字出版物制作质量进行评测？

可以从以下几个方面对数字出版物制作质量进行评测：一是内容与素材处理的质量，如图、文、声、像等信息资料的来源以及处理效果；二是结构与功能设计的质量，如结构与功能设计是否规范和标准；三是实现技术与性能的质量，如采用技术手段及格式标准是否通用，技术性能是否先进；四是艺术表现与效果的质量，如内容美化设计与界面视听效果的好坏。

11.数字出版物内容信息采集要经历哪些过程？

对于数字出版物而言，要将其内容信息有序地组织起来并完整地展现给读者，一般是从以下几个方面分阶段进行的：一是对内容信息的来源及所选择的内容信息进行分析；二是对内容信息进行数字化采集；三是对采集的数据进行编辑；四是根据出版物要求将经过编辑加工的内容信息有序地组织并在特定的环境中集成起来；五是建立能便利访问所有内容的导航系统，使其成为一件完整的可供读者交互播放的作品。

12.什么是数字化信息内容？

数字化信息内容是指人类在社会实践过程中，按照结构化、组织化和关联性的编辑加工原则，经过系统收集、识别记录、规范化整理和数字化集成等工序，将反映事物运动状态和方式的知识、事实和数据等基本信息变成可被认知、理解、传递和检索，并以文本、数字、图像、动画、音频和视频等多种媒体形式呈现出来的一类非物质要素的内容集合。

13.数字内容资源可以分为哪几类？

数字内容资源按表现形式分类：数据、文本、图像、音频、视频、软件、复合数字对象；按产生方式分类：原创数字内容和非原创数字内容；按数据类型分类：结构化数字内容、非结构化数字内容和半结构化数字内容；按加工环节分类：素材型内容资源、产品型内容资源。

14.数字内容概念中的素材和元数据分别指的是什么？

可以把数字内容理解为两部分：素材和元数据。素材指以文本、图片、声音、视频、动画等形式存在的实际的数字对象。它独立于物理载体存在，是一种编码的数字信息。元数据指的是描述实际素材和其不同形式的信息，包括：第一，与内容相关的元数据，给出了实际内容的主题描述、关键词、权益信息。第二，与形式相关的元数据，用于描述素材格式、编码参数等信息。第三，与位置相关的元数据，描述内容的位置、数量、载体等信息。

15.数字化内容资源出版包括哪些基本环节？

数字化内容资源出版包括选题策划、项目组织、多媒体素材采集、脚本设计、程序设计、媒体编制、数据集成、内容审查、产品测试、终审发稿、征订包装、样盘刻录、复制发行、上线测试、正式发布、售后服务、读者反馈、再版修订、数据更新、在线监控、系统维护等。

16.按照信息资源的产生和传播顺序，一般将信息源分为几种类型？

信息源一般是指信息资源的出处，包括信息资源的生产地和发生地。一般根据信息产生和传播的先后次序，可以将信息源分成以下三类：

初始源，指人类在政治、经济、军事、文化和社会生活各领域的活动中产生和积累的原始信息和原始数据，如国家统计信息资源、市场信息资源和生物信息资源等。

次生源，指现实社会中各种媒体以及网络，各种传媒机构如通讯社、报社，出版机构如杂志社、出版社、互联网出版机构以及信息中介机构所采集、发布、传播的信息产品和服务，如：新闻、电讯稿、图书、报纸、杂志、音像制品、数字出版物、网络出版物、数据库等。它们所提供的信息一方面直接来自初始源，另一方面则可能来自再生源。

再生源，主要是指人类社会历代流传和积累下来的文化遗产和活动成果，如中国文化资源（历史文化、民族文化、语言文化、宗教文化等）以及文化典籍、考古发现、历代的文化遗存等。

17.为确定信息源的可利用价值，需对信息源进行哪些方面的考察?

不同的信息由于采自不同的源，因此其可靠性、准确性、权威性以及可追溯性的差异很大，要使其成为可供使用的资源，就要对信息的可靠性、准确性、权威性、时效性、稀缺性和可追溯性等六个方面进行综合分析。

可靠性，对信息与信息源相关性的判断，如果源不正、数不准，则可靠性就差。对不同的知识主题，源的可靠性判断标准和要求也不一样，初始源数据的可靠性最强，次生源数据由于经过人工的整理和编辑加工，可靠性次之，要慎重对待，要通过多种途径校验后才能使用，再生源信息由于是长期历史积淀下来的，使用中要对源数据的出处和引用的版本仔细考证，对涉及历史、考古以及相关学科内容的主题，还要注意引用最新的科研成果。

准确性，由于不同的源，其数据质量参差不齐，因此，一旦确定了采集的数据源后，还要对源数据的准确性加以判断，不准确的数据、未经校验的数据和失效及不可控的数据，其准确性差，未经复合校验，不宜引用。

权威性，权威性是一个相对的概念，但对一类基础性的信息，则显得十分重要，如政府公告、名词术语、官方统计数据、国家标准、行业标准和国际主导企业标准等。权威性要在综合考察信息源的可靠性和准确性的基础上，再根据信息发布者的资质来综合地加以判断。

时效性，许多信息资源，特别是具有时间属性的信息，都具有高度的时间敏感性，即要求及时性和适时性。因此，对此类信息一要注意信息源的跟踪与确认，二是要注意实时地更新数据。

稀缺性，由于真正有价值的且可以获得的信息资源往往是稀缺的，或是在二次开发和深度开发过程中挖掘出来的，而用户对这类信息资源的需求（不仅在数量上而且在质量上）又是极旺盛的，因此，是否拥有稀缺的信息资源，也就成为评价一部作品信息采集的重要指标。

可追溯性，为确保信息的准确和有效，我们要求信息采集的链路是连通的，可连续的，在任一节点上是可以追根溯源的。因此，采集过程中要将采集路径完整地保留下来，使信息资源具有可维护性和再生性。

18.什么是信息网络传播权？

互联网等信息网络的产生和发展带来了人类社会生产方式、生活方式的深刻变革，网络技术的广泛应用促进了人类精神文化活动向互联网的延伸，极大地改变了文化生产、传播和消费方式，互联网成为重要的文化创作生产平台、文化产品传播平台和文化消费平台。与此同时，网络环境下的知识产权保护问题也日益突出，首当其冲的就是网络传播作品引发的版权保护问题，这已成为当前世界各国在知识产权保护领域最为普遍关注的问题。根据《信息网络传播权保护条例》，所谓信息网络传播权，是指以有线或者无线方式向公众提供作品、表演或者录音录像制品，使公众可以在其个人选定的时间和地点获得作品、表演或者录音录像制品的权利。

19.作品基于多种载体形式的有效授权怎么解决？

由于过去媒体间的独立性，因而大部分著作权基于载体都是分立的，即不同载体形式的著作权许可是分别授予的。但在新媒体中，尤其是数字环境下，跨媒体出版已成现实，这就意味着原有媒体授权的扩展已成为制约新媒体产业发展的重要因素。这个问题如不能有效解决，将极大地制约新媒体产业的发展。而这个问题的解决，也要从两个方面来考虑。一是要解决新产生的作品的多载体、多介质出版形式或传播形式的授权问题，二是要解决传统媒体数字化以后产生的新载体的授权问题。一般来说，新作品的授权可通过与作者签订出版合同或著作权授予合同来实现，而传统媒体的授权，目前国际上流行的做法是通过著作权集体管理机构来实现。

20.取得原创性作品的合法许可权应注意哪些方面？

对于原创性作品，出版商或传播商要解决版权的原始获取、专有获取或非专有获取。

第一，在取得上述各种类型的著作权许可时，要特别注意排除作品中非原创的内容，即要特别注意作品中是否引用了他人的作品或作品片断，如动画中的角色造型、背景音乐、故事情节、场景及其他涉及他人享有著作权的内容，如有此类内容，则需要作者解决相关著作权有效使用的法律问题。

第二，关于专有版权，为了更好地进行产品市场的保护和开发，一般出版商和传播商都希望对所占有内容信息取得专有许可。这就需要对内容信息的增值价值以及市场运作能力做出准确判断，如有一定的把握并有实力解决市场独占的问题，则要尽量取得独家许可，即专有许可，以期获得最大的市场效益。

第三，关于非专有版权。由于大部分作品的专有许可费用过高，一般的出版商和传播商都难以接受。因此，非专有许可就成为业界较为流行的一种许可方式。但要注意许可的时间、地域、语种、载体及方式。

21.在信息资源涉及邻接权的授予时，要注意哪几方面的问题？

邻接权是目前大多数版权纠纷中最多的一类，由于著作权中邻接权的产生相当复杂，且权益的主体和权益的有效性很难判断，在信息资源涉及邻接权的授予时，一是要明确授予方是否有此权利，即授予的有效性；二是要明确授权的真实性，即授权对象与所授的权利是否一致；三是要签订合同，明确双方的法律责任，但这里要特别提出的是，如果合同的签订损害了第三方的利益，则这种合同应视为无效合同，不能用于对第三方权益的抗辩。

22.从哪些方面来评价信息资源的质量？

信息资源质量是个相对概念，不仅随着社会经济的发展和信息技术的进步而不断变化，而且不同地区、行业、市场环境以及不同的信息需求对应着不同的评估标准。目前，信息资源质量评估还处于探索阶段，现在大家主要从四个维度来对信息资源质量进行评价：正确性、明确性、完整性和重要性。

23.数字资源内容的采集与整理包括哪些环节?

数字资源内容采集与整理包含识别、截取、挑选、分类、标引、编码、组织、存储、传递、积累、维护等环节,这是内容信息处理最核心、最基础的工作,也是全面提高内容信息编辑加工质量的关键所在。

24.数字资源内容的识别主要考察哪些方面?

数字资源内容的识别是指对采集到的信息按信息构成要素进行有效性判断,判断的依据一是与主题的相关性,二是提取信息的有效性,三是信息量的丰富性,四是采集信息的可理解性。

25.数字资源内容的标引主要考察哪些方面?

标引工作是提高内容信息处理水平的重要环节,主要考察数据标识水平和深度,也就是对一个知识主题或知识点,考察其内涵是否切割得足够小、外延是否足够大、外延部分与相关知识点的关联是否足够丰富、超链是否足够长、链径是否合理、链点是否准确、点上的知识是否可被理解、在相应的知识体系结构中的占位及对位关系是否准确合理,这一点对边缘学科和交叉学科的知识点尤其重要。

26.数字资源内容的存储主要考虑哪些方面?

数字资源内容的存储主要考虑的是底层环境的问题,一是数据格式,二是信息还原质量,三是数据存储空间布局的合理性,四是存储介质的先进性和性价比,五是存储方式的可行性,六是存储介质的普及性。

27.什么是数字内容检索?

数字内容检索就是根据用户的信息需求,从组织好的内容资源库中找到所需内容资源的过程。按检索的对象和目的划分，可以将信息检索分为 5 种类型：数据检索、书目检索、全文检索、多媒体检索和事实检索。基本原理可以概括为对信息资源集合与信息需求集合的匹配与选择。

28.什么叫数字内容资源的元知识？什么是知识单元？

元知识，是指设计大型专家系统时，有时把知识分为两个层次：知识集及控制知识集(知识的知识)。后者称为元知识。

知识单元是指构成整个知识集合系统的最基本单元形态。即独立表达某种最基本思维对象的形象、属性、关系的意象、概念和事物。它是知识控制和处理的基本单位，是一切知识管理活动的前提。

第五部分
数字出版传播常识

1.什么是数字出版物传播?

数字出版物传播是指以出版者和作者为代表的传播主体,以互联网或其他信息网络为传播渠道和平台,以数字化图、文、声、像、动画及超文本等为表现形式,以计算机、手机及类似设备为阅读终端,以作品内容的系统编辑为中心,以公之于众为目的,实现社会信息及知识的传播与共享的行为与过程。

2.数字出版物的传播过程及基本模式有哪些?

数字出版物的传播是在多媒体技术、网络技术、数字技术和各类数字阅读终端设备的支持下,以信息网络为载体形成的新兴的传播系统。与传统出版模式相比,在数字出版物传播过程中,作者、出版者、图书馆或书店、用户,这四者之间的联系不再是一维的、单向的,任何一方都可以跟其他三方直接联系,信息的流动和传播在这里是灵活的、多向的。

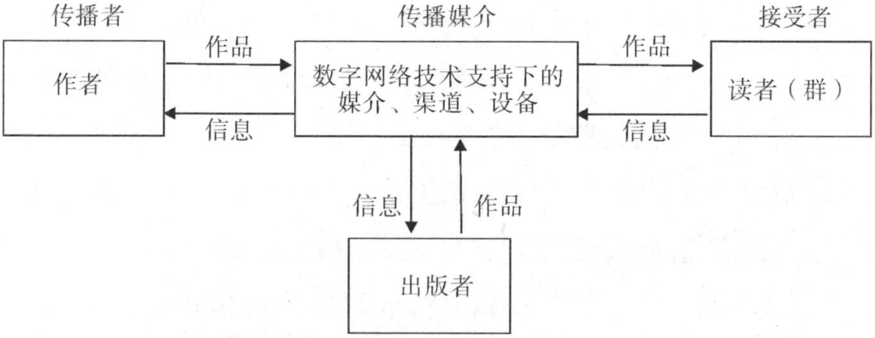

图 5-1 数字出版物的传播过程及基本模式

数字出版物的传播有多种模式。早期的数字出版是有形载体的离线式单机交互传播模式，网站初期也只是线性的网络传播模式。如今，借助于社会性网络、手机和移动智能终端，数字出版物传播模式有了更多的新发展。

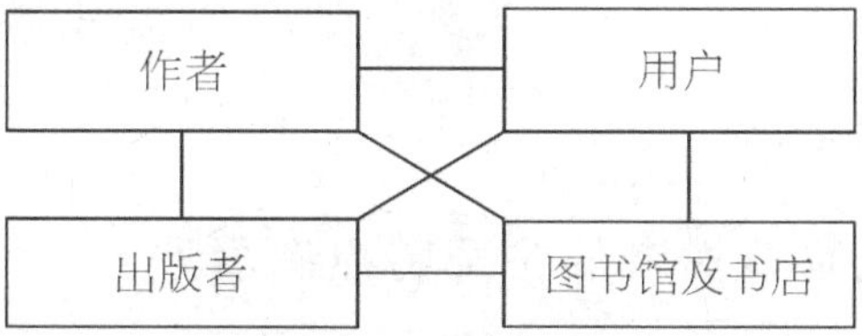

图 5-2 数字出版平台下作者、出版者、图书馆及书店与用户之间的网状关系

3.数字出版物传播有什么特点?

从技术角度看，数字出版物传播的信息表示是数字化的，传播平台是网络化的，传播过程是自动化的，传播方式是交互式的。在信息处理上，数字出版物中的文字、图片、声音都是转换成二进制计算机数据进行处理的，更加方便、快捷、准确。在信息显示上，数字出版物通过文字、图片、声音、动画、影像等，呈现出一种立体、直观、多元化的形式，在不同类型的数字出版物中，读者能够“身临其境”，有着不同的阅读体验。在信息的获取方式上，是一种互动的方式。读者获取信息也是采取交互的方式，

在获取信息的同时，通常还反馈信息，比如发帖、跟帖、推荐等。

从社会角度看，数字出版物的传播特征总体上表现为传播者、多种传播方式、更多的内容、更复杂的管理要求综合呈现。比如，数字出版物超文本的信息组织方式、超媒体的信息呈现方式、互动的信息获取方式和开放的信息形成方式。这种信息传播方式的出现，融合了广播、电视、纸媒等多种传播模式，模糊了传统的媒介分类。另外，传播主体方面多个传播者共存、传播者和接受者之间相互作用，相互影响，使传播方式更加复杂。海量的传播内容和多元的显示方式也让数字出版物的管理更复杂。

4.数字出版物的传播包含哪些要素？

数字出版物的传播主要包含了传播者、传播内容、传播媒介、接受者和传播效果五大要素。其中传播效果是由一系列指标测试而获得。

5.数字出版物传播者的主要特点有哪些？

在出版领域，传播者通常包含写作、创造信息的作者和编辑制作信息的出版者。一般情况下，将作者、编辑出版人员与出版机构统称为传播者。在现实的出版传播过程中，内容作品的传播需要经过作者、编辑、印制人员、发行人员，才能实现出版物的传播，传播者通常是一个由不同工种人员组成的群体，这些人员大部分往往又是在固定的出版机构工作。因此，传播者又应该是一个完整的系统，作者、编辑、制作者、发行者以及技术人员是出版传播者系统内部彼此分工、相互协作的统一整体。作者处于出版传播的起点，是内容的生产和创作者，是传播的主动发起者；编辑、制作者、发行者以及技术人员都是出版者，但在这里又可以分为出版人和出版机构两个层面。

在传统出版过程中，传播者往往具有权威性和精英性，作者往往是大学问家、社会政治精英人物，编辑出版人员也基本是这样的。数字出版技术的出现，为传播者从职业化、精英化向全民性、平民化的转变提供了技术条件。“草根”网民可以在网络上发表文章、创作小说、传播新闻等，每个人都可以通过互联网或其他网络向社会公众传播信息。数字出版扩大了出版传播者的群体规模，内容创作和提供者大量涌现。而传播者规模的扩大、层次的丰富，为传播内容的多样性、丰富性提供了可能。因此，数字出版不仅影响了出版传播者的结构及组成，而且也对出版传播组织及机构产生了很大的影响。这种影响主要表现在出版组织机构的扁平化、网络化，出版理念上的创新、快节奏，管理文化上的重心下移等方面。

6.数字出版物传播内容的主要特点有哪些？

内容在出版物传播过程中总是用特定的符号表达的，是比较系统的、有计划的，而不是零碎的、随机的，并以特定样式、结构完整的作品形式而存在。因此，作品是出版传播系统中独立于传播媒介范畴之外的重要概念，是作为传播的内容而存在于传播过程中的，是出版传播的直接对象。在数字出版物传播中，作品同样是数字出版传播的对象。

在传播内容的组织形式上，传统出版物往往受媒介物理结构和信息空间排列的制约，作品文本体现为一种稳定不变的结构，迫使读者从头到尾地阅读并被迫接受。网络时代的数字出版物，其超文本的信息处理方式，使文本的边界消除了。只要有应用需要，每一个文本都可以向其他文本开放，相互指引。在网络上，点击一个网站某个网页，可能会出现其他相关的网内或者网间链接，可能会打破媒介原有的信息调用模式，实现“像”人脑那样来调用信息，重构读者的阅读空间。数字出版物为实现“以读者为中心”的内容服务提供了条件，读者可以根据自己的喜好选择数字出版物的内容和形式。特别要注意的是，数字出版传播的内容主要以作品形式存在，其系统性、知识性、文化性更强。而一般的论坛、网评信息，大多比较零散，不具有系统性。

7.数字出版物作为传播媒介有哪些主要特点？

数字出版物作为当今社会的主流传播媒介之一，在传播时效性、经济性、可用性、可控性等多个方面具有不可替代的优势。在传播时效上，数字出版物无论是传播速度、更新速度，都比传统出版物更快、更便捷。在传播范围上，数字出版物可以突破地域的阻碍，在全球范围内传播，并且存放在网络上的数字出版物能实现随时随地的分享，传播范围比传统的媒介大得多。在传播形态上，数字出版物形态更加自由、形式也更多元，相较于书报、电视较为固定的传播形态，数字出版物形式更为多样。

8.数字出版物的接受者的主要特点有哪些？

在出版领域，出版物内容的接受者通常被称为“读者”。传统出版物传播中，由于技术条件和出版形态的限制，传播关系是固定单向的，即从传播者到接受者的单向关系，接受者无法及时、有效地反馈阅读体会，更难以在接受者之间开展有效交流。

数字出版物传播中，大量地采用了计算机技术、信息通信技术，一方面使得传播内容变得碎片化，传播内容更易检索和查找，更能满足读者个性化、多层次的需求；另一方面为传播者、接受者之间建立了便捷的信息交换渠道，接受者及时反馈信息、交流信息变成可能。因此，接受者由被动变为主动，开始转变为个性化、参与性显著的读者。传者和受者已经不再是那样界限分明的主体和对象的关系，两者之间可以进行转化，传受关系是一种可变的互动。此时，“读者”不仅可以选择自己感兴趣的内容阅读，和与自己兴趣和价值观相近的内容进行讨论，还可以成为传播的参与者。

9.数字出版物传播过程中存在哪些关键问题？

数字出版对传统出版方式进行了巨大的变革和发展，改变了作者、出版者、发行者、读者之间的相互关系，大大改变了原来的信息传播模式，也形成了不同于以往的关键性传播问题。

一是数字出版平台的建设和管理问题。数字出版平台对传统出版单位的数字化转型升级的支撑带动作用不够，数字出版平台的建设规范和标准还未能完善，无法很好地整合产业资源。

二是数字出版物的安全存储和可用性问题。数字出版存储介质对环境的要求很高，湿度、温度、磁场的变化都会使这些材料迅速退化，从而会造成保存信息的衰减和丢失。而由于技术和设备的不断升级，数字出版物存储格式也在不断变化和发展，这可能会使早期制作出版的数字读物不能被识别和读出，影响早期数字出版物的可读性。

三是数字出版物的版权保护问题。数字化技术使得信息的复制和传播更加简单、容易，但这也使侵权盗版行为变得更加方便，网络的便捷性、易得性、共享性使得盗版现象更为严重，数字版权保护问题将成为制约数字出版发展的重要因素。

四是数字出版物的管理及标准化问题。目前市场上存在着形态各异、标准各异的数字出版物，给数字出版物的管理提出了很高的要求。如电子书就存在着 PDF、TXT、CEB 等多种格式，由于格式之间一般互不兼容，这就使得读者需要安装不同的阅读软件，这将大大降低读者的数字阅读体验，严重影响到数字出版消费市场的形成。

五是数字出版物的阅读习惯问题。数字出版交互式、碎片化的阅读方式，与传统的阅读方式、收听收看方式有很大的不同，颠覆了人类习惯的阅读模式。这需要读者和听众改变原有的阅读方式和习惯，也需要通过技术完善来提升阅读体验。

10.什么是数字出版传播载体？

在新闻传播学学科中，“传播载体”与“传播媒介”比较接近，媒介被描述为是实现社会信息在空间上移动、在时间上保存的载体，是扩大社会信息交流范围和能力的中介物。同时，“载体”也是一个相对的概念，比如，纸张是书写文字符号的载体，文字符号是内容描述的载体，也可以将某本书、某份报纸视作文化传播的载体。而在数字出版传播中，不仅是出版内容的数字化，还要将数字化的内容传播到互联网、电脑、手机等具体的载体上，在这个过程中，互联网、电脑、手机和其他移动终端都作为数字出版的载体。但是它们在数字出版传播过程中所处的位置和作用是不同的，互联网通常是作为数字出版物的基本存储和传播平台，而读者的电脑和手机则一般是作为阅读终端。由此可见，与传统出版不同，数字出版的存储载体、传输载体和阅读载体是各自独立的。这些存储载体、传输载体和阅读载体共同构成数字出版的传播载体。随着数字出版技术的发展，数字出版物的传播载体不断发展更新，数字出版物载体的形态也日益多样化，不断涌现出新的载体形式，如 Kindle 等。更多的数字出版传播载体将为出版单位与读者之间更为直接的传播提供支撑，减少中间出版物交易过程和流通过程，缩短出版周期，更方便出版单位直接从读者那里获得反馈信息。

11.数字出版传播载体有什么作用?

数字出版传播载体具有存储、传输、阅读三个方面的主要作用。

一是在存储作用上，传统的出版以纸质介质存储出版内容，数字出版物改变了以往传统出版的储存方式，使得存储的介质变得更加丰富，如光盘、磁盘、硬盘甚至互联网等，同时由于存储方式的多样性和便捷性，可以根据读者需求随时复制、发行。可以说数字出版存储介质不但改变了原来的存储方式，而且使得存储介质更加环保，相同内容的存储成本也更加低廉。

二是在传输作用上，数字出版单位可以利用互联网平台实现数字出版物快捷、广泛的传播，而传统出版则需要将其印刷出来，通过物流的形式，才能实现出版物的传播扩散。数字出版传输载体的发展为数字出版高效、便捷的传播提供了可能。

三是在阅读作用上，数字出版传播介质帮助读者更方便、更迅捷地阅读。通过无线或者有线网络，利用各种终端最终实现随时随地阅读，另外读者可以直接从出版商获得出版物，简化了出版的环节。在实现数字阅读的同时，各种无线或有线的设备为读者提供了超大容量的空间，供读者存储更多的数字出版物，构建了读者个人的数字图书馆，这是传统出版物所不及的。

12.数字出版物的传播载体有哪些主要类型? 分别包括哪些?

根据使用方式和环境来划分，数字出版物传播载体主要可以分为离线载体、在线载体和无线载体等三种大的类型。

一是离线载体。离线数字载体主要是以磁光电介质为基础，以数码方式将信息压缩存储，可以存储图、文、声、影像等信息，必须依赖于计算机或者类似的设备才能阅读、检索和打印。离线载体的典型代表是CD-ROM（光盘），主要用于单机型电子出版物，由计算机进行最终的阅读和使用。

二是在线载体。在线载体最大的特点就是连接进入了以互联网为代表的信息网络，一般同时具有存储和阅读的功能，主要包括在线台式电脑、在线笔记本电脑等。由于连接了信息网络，信息的复制、传输变得非常便捷，因此大大提高了出版传播效率，同时由于信息网络内容更加丰富和多样，也为读者提供了更多更丰富的选择。

三是无线载体。无线载体主要是指接入移动网络的数字阅读终端，一般也同时具有存储和阅读的功能，主要包括，手机、平板电脑等通过移动通讯网络获得数字化内容的阅读设备。无线移动载体可以随时利用无线网络来接受数字出版物，不受时间和地点的限制；方便携带，连线时间长，使用频率高，但不同移动载体之间存在硬件和软件上的差异，需要开发出适合各种载体的客户端。

13.哪些情况下适合使用离线载体？

从载体信息量上看，离线载体传播过程中往往承载了较大的信息量，一般是当时信息存储规模最大的载体，一张CD-ROM光盘往往能存储几十上百本传统图书承载的内容。从载体内容类型上看，离线载体所承载的内容主要是文本、图像、视频和音频，在互联网普及之前，离线载体是出版单位最普遍选择的载体类型。

与其他载体相比，离线数字载体的优势还在于技术成熟，对通信网络要求不高，制作成本较低，而所包含的信息量又远远大于普通纸质的图书、报纸和期刊，因而，适用于绝大多数普通图书、报纸、期刊和电子音像产品的数字化出版。但是，离线载体也有很多不足，离线载体的数字出版物需要运用一定的设备才能呈现出来，受到硬件条件和地点的限制；另外，离线载体的数字出版物大多是固化在载体上，不能进行更改，必须进行新的制作，而不能在原来版本上直接进行改版；离线载体的盗版现象比较严重，为解决盗版问题，电子音像产品逐渐转变成为与图书或者网络配套销售，尤其是教辅类图书。

14.哪些情况下适合使用在线载体?

在线载体主要包括连接进入互联网的电脑及其他设施。相对于实体的电脑，还有一种虚拟的在线传播载体，就是为数字出版物实现在线传播和发行的数字出版平台，包括网络数据库系统、网络出版系统等。这些载体通常是一个集成系统，为数字出版提供了综合性支撑。

一是网络数据库系统。数据库技术目前是计算机存储与处理数据最有效的技术，计算机网络为资源共享提供了技术支持。因此，数据库与资源共享的结合就成为如今被广泛应用的网络数据库服务。同方知网、万方数据、维普资讯就是最为典型的网络数据库。

二是网络出版系统。网络出版，是指出版机构借用特定的互联网出版平台，将自己创作或他人创作的作品进行编辑加工，发布在互联网上，并发送到用户客户端供公众阅读的在线传播行为。网络出版系统，主要由产业链上的内容提供商、技术支持商和内容销售商三者构成，是一个集成的系统，集合了多个子系统、多种资源。上游出版社进行内容资源的数字化生产，中游技术支持商向内容提供商转型，下游网上书店则进行多元化销售。

15.哪些情况下适合使用无线载体？

无线载体，主要是指手机、平板电脑、电子阅读器等用于移动阅读的终端，主要适用于户外等难以连接互联网情景下的阅读。手机出版是通过移动网络技术、智能移动设备为支撑，结合互联网技术、计算机技术、流媒体、云存储等信息技术，整理、加工、传播数字出版内容的一种出版形式。根据手机载体的传播特性，可以主要分为语音、彩信、WAP、客户端等传播方式。

一是彩信。彩信可传播文字、图片、音频、动画等，具有信息承载量大、支持多媒体内容传输等优势，目前手机报普遍采用彩信的形式传输内容。二是 WAP。基于 WAP 协议的手机网站，同互联网一样，可以传播文字、图片、动画、音频、视频等多种内容，与出版结合具有良好的发展前景。三是客户端软件。基于移动互联网的，安装在能手机上的软件，通过应用程序实现各种强大的功能及用户体验。随着手机的智能化以及通讯技术的快速发展，功能强大的客户端软件将成为主流。

16.数字出版的显示方式和特点有哪些？

数字出版的显示是实现数字出版传播的基本手段和方式，是面向读者的窗口，是受众及读者接受数字出版物的接口，涉及对阅读内容的合理编排，适应读者的阅读心理和阅读环境等。

数字出版的显示，是在多媒体技术支持下，阅读内容以文字、声音、图像、视频等形式综合地表现出来，大大丰富了传播和表现形式，为读者提供多元化的信息获取方式，使读者十分容易地掌握各种知识。多媒体的运用能造成有趣的情形，如阅读时配有背景音乐、还原书刊描写的微观世界的图形、神奇的自然景观影像等。

与图文声像数字化的过程不同,“显示”是由数字信号转化为声光信息,进而呈现为图、文、声和影像的过程。图文声像数字化的过程,是从文化多样性到技术统一性的过程,是为了使社会传播的信息都可以用数字编码的形式储存、传输和接收,打破以往各类信息传播和接受媒介的物质形态限制,可以实现统一的技术处理,提高信息处理的效率和效果。但是,数字出版物的显示阶段则不同,是将数字化的数据信号,按照出版设计的目标和读者的阅读要求呈现为相应的文字、图片、声音和影像,为读者提供所需的阅读内容和阅读体验,为此,数字出版物的呈现是一个文化再现和创新的过程,是一个用户体验的过程,是一个与阅读环境相互作用的过程。

17.数字出版主流的显示格式有哪些?

所谓显示格式,通常是指文本、图表等文本元素的显示位置、大小及相互关系等。读者对象不同、内容不同,出版物的显示格式也会不同。每种数字出版物的格式都有它的优点和弊端。对于出版者来讲,格式的选用应以读者为中心,以满足读者的需求为最根本的原则。目前主流的显示格式有:

Adobe 公司的 PDF 格式。由 Adobe Systems 创建的文件格式,文件格式名称是 Adobe 便携文档,发布文件后缀是“pdf”,专用阅读工具是 Adobe Reader 软件。由于 PDF 文件可以真实地反映出原文档中的格式、字体、版式和图片,并能确保文档打印出来的效果不失真,并可包含一个或多个可缩放的页面图片,因此,此类文件可以用于出版说明书、产品手册、杂志文章,乃至一本书。

方正阿帕比公司的 CEB 电子图书格式。CEB 电子图书格式是由北大方正电子公司开发的拥有自主知识产权的一种数字出版物格式，发布文件后缀是“ceb”，专用阅读工具是方正 Apabi Reader 软件。CEB 格式在文档转换过程中采用了“高保真”技术，从而可以使 CEB 格式的电子书最大限度地保持原来的样式，生成的所有结果文件都可以方便地转换成 CEB 格式。正是基于这种特点，不少电子书发行机构和数字化图书馆都已经开始采用这种格式，国家有关部门还把 CEB 格式作为电子公文传递的标准格式。Apabi Reader 还具有字体缩放、书签、笔记、书籍管理、翻译和文字部分拷贝功能。

清华同方公司的 CAJ 电子期刊格式。CAJ 电子期刊格式是由同方知网（北京）技术有限公司开发的支持中国学术期刊全文数据库中文件的一种格式，发布文件的后缀是“caj”，专用阅读工具是 CAJ Viewer 软件。CAJ 是 Chinese Academic Journal 的缩写，可以使用 CAJ Viewer 在本机阅读和打印通过“全文数据库”获得的 CAJ 文件。CAJ 全文浏览器是中国学术期刊网的专用全文格式阅读器，支持中国学术期刊网的 CAJ、NH、KDH 和 PDF 格式文件，可以在线阅读中国期刊网的原文，也可以阅读下载到本地硬盘的中国学术期刊网全文，打印效果可以达到与原版显示一致的程度。

超星公司的 PDG 电子书格式。PDG 电子书格式是由超星公司创建的用于超星数字图书馆上的一种数字图书格式，发布文件的后缀是“pdg”，专用阅读工具是 SSReader 软件。PDG 电子书格式是一种专用光驱图片压缩和捆绑格式。超星阅读器（SSReader）是超星公司拥有自主知识产权的图书阅读器，是专门针对数字图书的阅览、下载、打印、版权保护和下载计费而研究开发的。

书生公司的 SEP 格式。SEP 格式是由书生公司研制的在中文平台上通用的文档分发和交换格式,发布文件的后缀是“sep”,专业的阅读工具是 SEP Reader 软件。SEP 格式符合传统纸张特性,可用于将基于纸张的应用 e 化。每一个 SEP 文件都相当于若干页纸张文档,并能附加很多数字特性和智能特性。SEP 软件可以完整地原版原貌地转换各种来源的应用程序所生成的电子文档,对文字、图像、图形、文档布局等都可以完整地保留。书生 SEP 文件采用分类压缩方式,对于图像、文字、图形、影像等都采用了相应的先进压缩算法,方便于电子文档的共享、交换和归档。

18.数字出版的保存技术和特点有哪些?

数据存储是数字出版传播的基础,其基本原理就是将各种内容信息转换成二进制的数据保存起来,没有可靠、有效的存储,数字出版传播就无法进行。数据存储涉及到安全、有效等多方面,覆盖了数字出版的全过程,不同传播环节对保存的要求是不同的。数字出版物存储形式多种多样,可以分为磁介质、光介质和固态介质。

一是磁存储技术。磁存储介质主要有磁带、磁盘和磁鼓,都是将薄层的磁性材料沉积在基体上,并以相对于磁头运动的方式来存储信息,因而统称为表面存储器。磁带存储器记录密度高,存储容量大,价格低廉且可脱机存储,但磁带存储器的最大缺点是平均存取时间太长,是一种顺序存取存储器。磁盘存储器可由多个盘片组成,盘的两面均可记录信息,不但空间利用率高,存储容量大,可脱机存储,而且存取时间短,也可直接存取。磁鼓是表面涂有磁性材料的圆柱体,磁鼓绕轴旋转,通过装在支架上的磁头对磁鼓表面进行存取。

二是光存储技术。光存储介质大大提高了信息存储容量，使大规模存储文字、图形、图像、声音等成为可能。以CD-ROM为代表的光盘存储技术具有易用、存储容量大的特点，因而受到普遍欢迎，成为数字出版物的主要存储介质。与磁盘相比，光盘能够有高存储密度（存储密度是指记录介质单位长度或单位面积内所能存储的二进制位数）、高数据传输速率、长存储寿命、低价格等优点。

三是固态存储技术。不同于磁带、硬盘、光盘等需要依托机械运动实现读写的存储技术，固态存储完全基于半导体技术，通过改变芯片内部固态存储介质的状态来存储数据。闪存（Flash Memory）是固态存储的典型代表，具有延迟小、功耗低、并行度高、价格适中、容量大和非易失等特点，其应用已经非常广泛，包括数字家电、服务器、高性能计算机以及大规模存储领域。

虽然数字出版物在保存的过程中采用了更多先进的技术，但是保存在存储介质上数字出版物容易因为操作不当而丢失，或者由于受到磨损、震动、受潮、火烧、水浸等破坏而失效，一旦受到破坏通常是无法补救的。数字出版物保存也会因为阅读器的硬件或者软件故障而受到破坏。因此针对数字出版物的保存，无论是硬件上还是软件上都必须加大研发力度，及时跟进。

19.数字出版物保存中的主要问题有哪些？

数字出版物保存中的问题主要表现在以下四个方面。

一是数字出版物的易损性。首先，数字出版物的记录介质比较容易损坏，这些介质具有易碎、易损、易变质等特性，受湿度温度等环境因素的影响也很大，也就使得数字出版内容极易丢失。其次存储的数字内容难以进行修复，一旦数字内容丢失就很难再找回来，相对传统的纸张、木简、石碑等传统介质，数字出版物的记录介质保存的时间相对较短，且难以进行修复。最后，目前数字出版内容格式标准很多，各个国家级公司都有自己的一套数据存储标准，缺乏统一的协议、标准和方法，在没有统一标准和规范情况下存储的数字出版物，在未来使用时存在很大的风险。

二是数字出版内容对存储介质依赖度过高。由于数字出版内容的生产、传输和存储都需要计算机得以实现，因此数字出版内容与计算机系统中的各种设备特别是存储介质有着密不可分的关系。存储介质既是数字内容临时或长期驻留的物理媒介，也是数字内容的保护伞和提供利用的工具。离开存储介质及计算机的软硬件平台，数字内容既看不见也摸不着，这就决定了数字出版内容对存储介质的依赖性。

三是数字出版内容的动态性。数字出版内容不同于传统的印刷文献内容，当文献发布后就固定不变了。数字出版内容时刻处于一个动态的状态中，随时可以被更改、复制、删除，由于这种动态性，会经常出现用户检索到的文章和实际的原文不相符，存在信息修改、丢失甚至恶意篡改的风险。数字出版内容始终处于动态的过程中，内容的数量也是在变化着的，因此必须确保数字出版内容在动态变化中的准确性。

四是数字出版内容资源使用权问题。在现实的数字出版版权交易中，内容提供商往往只提供数字出版内容的使用权或镜像资源服务权，比如相关科研机构购买了中国知网、万方数据的镜像资源，如果采购合同终止，使用已购买数字内容的权利将会受到威胁，因为数字资源实际是存储在内容提供商的数据库中，机构用户只有访问和使用权。另外，由于自然灾害、人为破坏、法律纠纷、计算机系统故障等原因，造成内容提供商或其委托镜像服务商终止经营或者停止向用户提供服务，有可能造成相关机构无法继续使用自己购买的资源。

20.什么是数字出版物的传播渠道?

出版传播渠道是指为了实现出版物向广大读者的有效传播，出版信息在传播过程中必要的环节及通道的总和，主要包括出版物从出版者向读者扩散过程中的所有中间环节和机构。数字出版物传播渠道是数字出版物在传播过程中必要的环节及通道的总和，涉及互联网平台运营、传输服务、网上支付服务等各个环节，由不同的著作权人、出版商、技术服务商、网络运营商及读者构成。

目前，互联网是最主要的传播渠道，依靠互联网而产生的诸如论坛、视频网站、博客、即时通信等等都是新型的传播渠道。因此，传统出版渠道正受到技术更新的冲击，传统的单一渠道的传播方式将逐渐向多种渠道复合传播的模式发展，由传统的单一方向传播逐渐向双向传播的方向发展，与此同时传播的效果也将会更显著，数字出版商将更容易获得出版反馈信息，传播的受众范围将会更为广泛。

21.数字出版物传播渠道分为哪两类?

数字出版物传播渠道主要分为直接渠道传播和间接渠道传播。

一是直接传播渠道，是指数字出版单位不通过任何中间商进行传播而直接到达最终读者的传播方式。这样出版商和读者之间就省去了其他的流通过程，减少了数字出版物的流通环节，这样出版商可以缩短出版时间，直接从读者获取反馈信息，减少交易成本。二是间接传播渠道，是指中间的传播过程通过一个或一个以上的中间商来实现传播的传播方式。通常间接渠道中包括了营销渠道、内容服务渠道等等环节，在传播过程中能够得到各个环节的充分重视，最大程度发挥其作用，帮助数字出版物达到预期的社会效益和经济效益。此外，各环节分工协作更有利于资源的合理配置，有助于数字出版市场的健康有序发展。但是间接渠道使得传播渠道的级数增加，数字出版商就无法最直接对数字出版物的市场反应进行管理，同样会增加数字出版的风险和成本，也加大了读者对数字出版物的经济负担。

在传播渠道的选择问题上，数字出版单位需要结合出版物的特点选择合适的传播渠道，而单一的传播渠道会影响出版物的社会效益和经济效益。我国数字出版物的传播渠道会逐渐向复合渠道发展，数字出版商也需要根据单位实际情况，选择合适的传播渠道进行传播，从而保证出版物的社会效益和经济效益。

22. 什么是数字出版物的在线传播？

数字出版物的在线传播，是指数字出版单位利用网络技术，在线编辑加工数字内容，及时出版发行和传播的行为。数字出版物的在线传播，对于数字出版单位而言，需要与众多合作伙伴建立起互利共赢的合作方式，需要建立严格的数字出版物的审核流程，保证数字出版物的质量，需要形成对数字出版物版权的保护机制。数字出版物的在线传播还可以改变传统出版物的发行结构，实现真正无纸化阅读，创造了绿色阅读的概念，为国内数字出版营造了一个健康绿色的发展环境。

23. 什么是数字出版物的无线传播？

数字出版物的无线传播是用户利用无线阅读器（手机、平板电脑等）通过无线网络直接接收数字出版物内容的方式。数字出版物的无线传播丰富了在线传播读者接收数字出版物的形式。

24.什么是基于 RSS 推送模式的传播？

RSS 是基于 XML 技术的因特网内容发布和集成技术。RSS 推送服务能够直接将最新的信息即时发布到读者桌面，方便读者不必访问网站就可以获得最新的内容消息。RSS 的方便之处就在于读者定制 RSS 之后直接利用 RSS 阅读器就可以看到即时更新内容。

第六部分
数字出版运营常识

1. 我国数字出版产业发展有哪些趋势?

随着数字化时代的到来,我国数字出版产业获得了很大的发展,从当前的情况看,我国数字出版产业的发展主要有以下五大趋势:一是我国数字出版产业未来的收入规模仍将保持快速增长。据统计数据显示,我国数字出版产业年度总收入从2006年的213亿元发展到2015年的4404亿元,整整涨了20倍。目前我国数字出版已发展到成熟阶段,因此全国数字出版产业的收入规模还会保持快速增长态势。二是传统出版单位仍将不断加快数字化转型步伐。为了更快地适应新的环境发展,满足越来越多读者的数字化阅读需要,以及数字化技术的进一步发展,可以预期,传统出版单位数字化转型步伐仍会不断加快。三是内容资源的重组和整合力度将会加大。以往传统出版单位和数字技术公司通常都是委托与代理的关系,存在着资源的多头授权和重复出版的情况。而通过资源的重组和整合后两者逐渐向价值一体、独家合作的方向发展,有利于优化资源配置和重建行业秩序,实现双赢。四是移动终端媒体作用将会进一步发挥。

目前手机上网已经成为人们获得资讯、进行娱乐和购物等活动的主要渠道。随着移动阅读基础条件的越来越完善及移动阅读领域的逐渐整合，手机移动媒体的作用将会继续提高。五是数字印刷机也会越来越普及，实现按需出版。数字印刷是出版业从结构化出版数据到数据输出这一数字化革命的重要一环，因此随着出版业数字化进程的深化，数字印刷机必然会越来越普及。

2.数字出版主要有哪几种运营模式?

数字出版主要有以下几种运营模式：

①教育数字出版模式

教育数字出版模式是指教育出版领域的数字出版模式。即出版机构针对学校、培训机构和个人提供在线课程、电子教材教辅、在线测试、家庭作业管理、虚拟实验等教学内容。这种模式注重学习效果分析，一般会提供使用者、教师和教学机构之间的互动交流，提供个性化的定制学习方案。代表机构有培生教育集团、一起作业网、沪江网等。

②专业数字出版模式

专业数字出版模式是指专业出版领域的数字出版模式。即依托专业领域的巨量资源，建设在线数字资源平台，为用户提供专业知识和信息服务。代表机构有约翰·威利、斯普林格、知识产权出版社、中国大百科全书出版社等。

③大众数字出版模式

大众数字出版模式是指大众出版领域的数字出版模式。即出版机构打造集原创、版权、运营等为一体的数字出版平台，为读者提供小说、财经、生活、艺术、科普等各类数字内容。代表机构有中国出版集团(大佳网)、重庆出版集团(天健网)等。

④“终端+内容+平台”模式

手持阅读器生产厂商通过与出版社、作者等合作,建设内容平台,并在手持阅读器内预装部分内容资源,然后将手持阅读器销售给用户。用户需要新的内容可以通过阅读器联网到内容平台上下载。这种模式的成功依托的是终端的使用体验、较低的内容定价、丰富内容资源和庞大的用户资源。汉王电子书模式、亚马逊 Kindle 电子书模式是此类代表。

⑤“终端+内容平台”模式

苹果公司创建的 IPad 电子书模式就是“终端+内容平台”模式。苹果公司不参与内容运营,内容产品由出版商自行制作、定价、上传。这种模式对出版商而言更为主动。

⑥数字图书馆模式

一般是电子图书出版商或技术公司通过出版机构或作者获取内容版权,组织内容资源,建立数字图书馆,为机构用户或个人提供电子图书检索、借阅和购买服务。这种模式的代表机构有方正阿帕比、书生电子、超星以及谷歌等。

⑦学术期刊数据库模式

一般是学术期刊数字出版商或技术公司通过与众多学术期刊社合作,通过获取内容授权,并建立期刊数据库,供机构用户或个人在线查询、阅读或下载使用。这种模式的代表机构有中国知网、万方数据、维普资讯、爱思维尔等。

⑧原创网络文学模式

数字出版机构接收作者的原创文学作品,经编辑加工及审核后通过网站发布,读者免费试读部分章节,继续阅读其他内容需要付费,所得收入由出版机构与作者共同分成。此模式的代表机构有盛大文学等。

⑨移动出版模式

移动出版模式的核心业务是移动阅读，是基于用户对于各类图书、杂志、漫画、报刊和多媒体读物以及各类原创作品的阅读需求，整合各类内容资源，通过手机、平板电脑、手持阅读器等终端以WAP、WEB、彩信、短信、APP客户端等展现形式给用户的多媒体互动式阅读服务及阅读衍生服务。此模式的成功有赖于通信运营商与内容提供商的紧密合作。内容提供商提供优秀的适合移动阅读的内容，通信运营商负责技术支撑、营销推广、内容运营等。此模式的代表有中国移动的咪咕阅读、中国电信的天翼阅读、中国联通的沃阅读。

除上述模式外，还有其他的数字出版商业模式，如卫星直播模式等。数字出版的商业模式是传统出版单位实现数字化转型最为关键的问题。随着技术的发展、人们需求的变化，数字出版商业模式也必将发生变化并不断涌现出新的模式。

3.什么是内容运营商主导模式?

业界所称的内容运营商主导模式，是指立足于数字内容资源开发数字出版业务的一种出版模式。这一模式的核心是针对数字环境下不同用户的内容资源需求特征，发展有针对性的内容资源组织与服务方式。内容运营商主导模式大致有三种基本实现形式，即大量占有高端内容资源、充分获取原创内容资源和内容资源的高度集成。其中大量占有高端内容资源主要适用于学术与专业出版；充分获取原创内容资源主要适用于大众文学出版；内容资源高度集成则同时适合专业出版、大众出版和教育出版。

4.什么是技术提供商主导模式?

技术提供商主导模式，是指立足于数字出版技术创新发展数字出版业务的一种出版模式。这一模式的核心是针对出版流程的特定技术需求，开发服务于出版业务发展与读者需求的数字出版相关设备和系统，进而开展数字出版活动。技术提供商主导的出版模式大致有基于阅读终端技术、数字出版平台技术和数字权利管理技术三种基本实现途径。其中，基于阅读终端技术的数字出版实现方式的关键是“终端”与“内容”的结合，而基于数字出版平台与基于数字权利管理技术的数字出版实现方式，则强调的是平台与技术的通用性。

5.什么是电信运营商主导模式？

电信运营商主导模式是指国内三大电信运营商利用自己庞大的用户群、便捷的支付模式、强大的推送能力、方便的阅读工具等核心优势，实现对数字出版产业链的强力把控。目前的电信运营商承担了多重角色，包括运营商、技术提供商、接入服务商、推广商，占据了定价、利益分配的绝对主导权。目前国内三大运营商都推出了自己的移动阅读平台：中国移动的“咪咕阅读”、中国联通的“沃阅读”、中国电信的“天翼阅读”均可通过网站和客户端两种方式轻松访问，实现在线阅读和下载电子书离线阅读。而且电信运营商并不满足于单一的手机阅读方式，逐渐向阅读器、平板电脑领域渗透，将手机阅读基地建设成为无线图书发行平台，成为产业链的整合者。

6.什么是终端制造商主导模式？

随着数字化阅读和移动阅读日益普及，阅读终端市场日益火爆。电子阅读器凭借其舒适的阅读体验、强大的续航能力和价格优惠，逐渐被更多人士认定为最适用于数字阅读的移动终端。以终端制造商主导的数字出版运营模式就是指阅读终端制造商以阅读终端为依托介入数字出版领域，以终端优势带动内容资源的发展，进而构建“终端＋内容”的发展战略，即俗称的“既卖阅读器也卖书”，成为一种重要的运营模式。

7.什么是 B2B 商业模式？

B2B 一词最开始是出现在有关电子商务的文章中。B2B 是英文 Business-To-Business 的缩写，B2B 中两个 B 均代表 Business，2 则是英语 To 的谐音。最初意指电子商务的一种模式，即商业对商业，或者说企业间的电子商务，即企业与企业之间通过互联网进行产品、服务及信息的交换。数字出版的 B2B 模式是指传统出版社等内容提供商与方正阿帕比公司等技术提供商合作的商业模式，也指技术提供商与图书馆等机构合作的商业模式。

8.什么是 B2C 商业模式？

B2C 是电子商务的一种模式，是英文 Business-To-Consumer 的缩写，即商家对消费者，也就是通常说的商业零售，直接面向消费者销售产品和服务。最具有代表性的 B2C 电子商务模式就是网上零售网站。数字出版的 B2C 商业模式就是指商家直接向读者销售书籍或者直接为消费者提供数字阅读服务。比较典型的 B2C 电子商务网站有当当网、亚马逊网上商店等。

9.什么是 O2O 商业模式？

O2O 这一概念最早由美国人提出，是英文 Online-To-Offline 的缩写。O2O 是一种利用互联网技术把电子商务延伸至线下实体商业，或将线下实体资源借由互联网络推送给线上电子商务用户，以实现线上消费与线下实体商业相融合，将互联网视为线下实体商业前台的一种商业模式。对数字出版产业来说,O2O 商业模式意味着数字出版具有了线上线下两个渠道进行互动的一种新的运营方式,使数字出版更加贴近读者。

第七部分
数字版权保护常识

1.什么是数字版权的司法保护?

我国对包括数字出版在内的整个社会的知识产权保护非常重视。从保护的途径上来看,主要有司法保护、行政保护、社会保护以及技术保护。其中数字版权的司法保护是指人民检察院、法院、公安机关以及司法行政部门等依照法律履行职责,对各类出版物、信息资料的网络出版权实施的一种专门保护措施。

2.我国关于数字版权保护有哪些法律法规?

我国关于数字版权保护的法律、法规和司法解释有:《中华人民共和国著作权法》《互联网著作权行政保护办法》《中华人民共和国著作权法实施条例》《信息网络传播权保护条例》《最高人民法院关于审理涉及计算机网络著作权纠纷案件使用法律若干问题的解释》《最高人民法院关于审理著作权民事纠纷案件适用法律若干问题的解释》《最高人民法院关于审理涉及计算机网络著作权纠纷案件适用法律若干问题的解释》以及《关于规范网络转载版权秩序的通知》等。

3.我国的法律法规对于网络著作权侵权行为主要有哪些处罚？

2005 年我国颁布的《互联网著作权行政保护办法》第十一条规定：互联网信息服务提供者明知互联网内容提供者通过互联网实施侵犯他人著作权的行为，或者虽不明知，但接到著作权人通知后未采取措施移除相关内容，同时损害社会公共利益的，著作权行政管理部门可以根据《中华人民共和国著作权法》第四十七条的规定责令停止侵权行为，并给予下列行政处罚：没收违法所得；处以非法经营额 3 倍以下的罚款；非法经营额难以计算的，可以处 10 万元以下的罚款。

另根据《中华人民共和国刑法》第二百一十七条关于侵犯著作权罪的规定，如有以下侵犯著作权的情形，违法所得数额较大或者有其他严重情节的，处三年以下有期徒刑或者拘役，并处或者单处罚金；违法所得数额巨大或者有其他特别严重情节的，处三年以上七年以下有期徒刑，并处罚金；未经著作权人许可，复制发行其文字作品、音乐、电影、电视、录像作品、计算机软件及其他作品的；出版他人享有专有出版权的图书的；未经录音录像制作者许可，复制发行其制作的录音录像的；制作、出售假冒他人署名的美术作品的。

4.什么是数字版权的行政保护？

对于数字版权保护，我国一直在走司法保护和行政保护相结合的道路。我国对数字版权进行行政管理和行政执法保护是我国数字版权保护制度的重要组成部分，也是我国现阶段数字版权保护的一大特点。由于我国现阶段关于数字版权方面的相关法律还不够完备、人们对版权的法律意识还有待增强，因此需要通过行政手段辅助来遏制盗版、侵权等现象。而行政保护最主要的体现是由著作权行政管理部门制定并颁布相关管理规定和集中展开各项打击违法行为的整治行动。

5.数字版权保护有哪些行政规章?

2005年,我国实施了第一部网络著作权行政管理规章《互联网著作权行政保护办法》,为打击侵权盗版奠定了坚实的法律基础;2006年,国家版权局发布了《著作权行政投诉指南》,为著作权人及与著作权有关的权利人向行政机关投诉指明了门径。

6.什么是数字版权的社会保护?

数字版权的社会保护是指将所有权利人联合在一起,如各社会团体、组织及公民,通过专业的方式和专业的机构,用专业的流程对数字版权进行保护,用真正的社会力量进行反盗版。目前,一些社会团体、维权组织逐步加入到对数字版权的社会保护行列中来,为知识产权权利人提供法律咨询、收集侵权证据,对权利人展开司法保护,协助行政机关执法等。行业自律也是一种不可忽视的社会保护力量。2005年,40余家互联网企业共同签署了《中国互联网网络版权自律公约》,倡导网络行业自律,逐渐形成尊重知识产权的氛围。

7.什么是版权集体管理制度?

版权集体管理制度是指版权集体管理组织在获得版权人授权后,集中行使版权人的有关权利并以自己的名义进行相应工作的制度。这种制度最早起源于欧洲,世界上最早成立的版权集体管理组织是法国著名戏剧家博马舍在1777年创立的法国戏剧作者和作曲者协会。我国的版权集体管理制度产生和发展的时间相对较晚,1992年才成立了第一家版权集体管理组织——中国音乐著作权协会。截至目前,我国先后成立了5家版权集体管理组织。除了上述的中国音乐著作权协会，还有中国音像著作权集体管理协会、中国文字著作权协会、中国摄影著作权协会、中国电影著作权协会。这些集体管理组织在版权人与作品之间架起一座便捷的桥梁，有效地维护权利人的合法权益，促进版权贸易有序地发展与繁荣。对数字版权保护来说，集体管理制度也是一种有效的方式。

8.集体管理组织在版权保护中应发挥哪些作用？

集体管理组织是指为权利人的利益依法设立，根据权利人授权、对权利人的著作权或者与著作权有关的权利进行集体管理的社会团体。数字版权集体管理组织应建立自己的作品数据库，实现在线询问、在线许可，以及在线收费等功能。集体管理组织可以代表作者去发放许可证、收取使用费，并向作者分配版税。通过集体管理组织，作者的版权能得到更好的保护。

9.什么是行业协会与自律组织？

行业协会是指介于政府和企业之间、商品生产者与经营者之间，并为其服务、咨询、沟通、监督、公正、自律、协调的社会中介组织。充分发挥行业协会的作用，能有效协助政府规范市场竞争秩序，引导数字出版产业健康有序发展。行业协会是一种非政府组织，不属于政府的管理机构，因此需要协会自律来进行管理和运营。我国互联网协会于2004年底发布了《互联网信息服务自律公约》，加强了行业版权保护等方面的意识。

10.行业协会在版权保护中应发挥哪些作用？

行业协会应协助政府部门开展国内外行业版权调查和研究工作，积极参与到版权相关的政府立法工作中，利用所掌握的行业内版权现状等信息，为政府提供版权保护的可行性分析报告，反馈企业和整个行业在版权应用中的问题，协助政府及时做出有利于行业发展的决策。另外，行业协会还应该充分发挥版权政策的导向作用，建立行业引导机制。数字出版行业协会则应为数字出版企业提供全面、便捷的版权服务。同时通过对外交流与合作，扩大行业协会获取全球数字版权信息的范围，为会员企业了解国外版权动态提供信息支持；定期组织企业进行交流活动，研讨版权保护措施，形成一个启发创新的良性环境。

11.数字版权保护技术是怎样发展起来的？

1994年后，随着互联网的普及和数字化技术的发展，特别是P2P技术的发展，网络传播的数字内容越来越多，盗版侵权现象也日益严重。传统的版权保护方式已不能很好地对数字内容进行版权保护。1994年，Xerox PARC研究室的Mark Stefik博士在他的文章“Letting Loose the Light：Igniting Commerce in Electronic Publication”中，首次将人们引入了一个自动定义和控制版权的世界，给出了第一个数字内容版权描述语言DPRL和一个控制数字内容使用的可信系统。但是，Stefik的可信系统并不是一个DRM系统，它不支持数字内容的交易和版权的转移。在接下去的两年内，出现了第一个基于硬件的DRM系统（EPR公司的End to End系统）和纯软件的DRM系统（IBM公司的InfoMarket系统）。尽管Xerox的DPRL、IBM的InfoMarket和EPR的DRM系统都不是很成功，但是数字版权保护技术从此开始成为新兴的热门课题。当前，Xerox（现在的ContentGuard）的DPRL已经发展成为XrML，InfoMarket已经发展成为一个主要的流媒体版权保护系统EMMS，而EPR则发展成为业界最为著名的DRM研究机构和产品提供商

InterTrust。此后，数字版权保护技术得到了工业界和学术界的普遍关注，其被视为数字内容交易和传播的关键技术。国际上许多著名的计算机公司和研究机构纷纷推出了各自的产品和系统。

12.当今主要的数字版权保护研究机构和技术有哪些？

如今数字版权保护技术已得到大力发展，国内外参与到DRM技术的研究和开发中的著名的计算机公司和研究机构主要来自美国、中国、韩国、日本、加拿大、澳大利亚等，包括Microsoft、Adobe、InterTrust、OverDrive、NetLibrary、IBM、Intel、RealNetworks、ContentGuard、Reciprocal、香港大学、北京大学、清华大学、中国科学院、北京邮电大学、西安交通大学和北京方正阿帕比技术有限公司等等，主要的产品和系统有微软的WMRM和Digital Asset Server、InterTrust的DigiBox和Rights System、IBM的Cryptolope和EMMS、RealNetworks的RMCS和HelixDRM、Adobe Content Server、SealedMedia DRM、Authentica Active Rights Management、OMA DRM、Apabi DRM等等。

13.当前数字版权保护技术分哪些类别？

数字版权保护技术主要有三类：一是采用数字水印技术。数字水印技术是在数字内容中嵌入隐蔽的不容易被发现的标记，这种标记只能通过专用的检测工具才能提取。水印技术不会对原始文件造成损害，也不会影响用户使用文件的感受。但是数字水印技术只能在发现盗版后用于取证和追踪，无法做到侵权和盗版之前事先预防。二是以数据加密和防拷贝为核心的DRM技术。数据加密和防拷贝为核心的DRM技术，是把数字内容进行加密，只有授权用户才能得到解密的密钥，而且密钥是与用户的硬件信息绑定的，用户无法脱离密钥和硬件的双重局限对数字内容进行使用。这种技术，现已为很多公司和研究所使用，它弥补了数字水印技术的缺陷，对盗版和侵权行为进行事前控制，有效地对数字内容进行了保护。三是前两者相结合的方式。两者相结合的数字版权保护方式，则能更有效、完整地对数字版权进行保护。

14.典型的数字版权保护技术应该如何构成？

典型的数字版权保护技术，应该做到以下几点：一是对原始数字文件进行加密，保证数据在传输过程中的完整性；二是对用户的行为进行跟踪分析，避开不法利用和违规操作；三是对用户的操作平台和环境进行安全检测，保证文件运行安全，不被侵犯；四是避免非法文件通过特殊方式进入网络；五是赋予用户接触和使用文件的特权，如网上交易使用的文件；六是对媒体文件和其他数据信息进行安全存储。

15.数字版权保护技术的研究主要集中在哪些方面？

目前对数字版权保护技术的研究，主要集中在以下方面：数字版权保护体系构成、被保护内容的完好性、内容传输过程的顺利、信息的可统计性、用户身份的验证以及用户权利的控制等。

第八部分 数字出版技术常识

1.什么是数字出版关键技术?

关键技术是某个技术应用领域至关重要、不可或缺、起决定性作用的技术。数字出版关键技术即为数字出版技术领域的核心部分,决定了数字出版未来的发展方向。

2.数字出版关键技术包括哪些方面?

数字出版关键技术目前包括四个大的方面。一是阅读格式技术,就是将数字出版物制作成什么样的电子文档格式,通过某种特定的文档格式来传播、展现数字出版内容。二是转换生成技术,就是在确定数字出版物的电子文档格式后,将出版内容加工转换为要求的格式,并建立数字出版所要求的其他数据。三是跨平台阅读技术,就是通过各种各样的设备来阅读出版物。由于目前人们进行数字阅读的工具很多,包括电脑、手机、平板电脑、手持阅读器等等,这些设备的硬件配置、操作系统和应用软件都存在很大的差异,因此,要满足大众多样化、多设备的阅读需求,实现数字出版物在各种设备的有效兼容和传播展示,跨平台的阅读技术的应用就势在必行。四是数字版权保护技术。无论是传统出版物还是数字出版物，都具有版权，如何保证在网络环境下，数字出版物不被非法传播和利用，版权不被随意侵犯，这就需要数字版权保护技术。

3.什么是阅读格式技术？

阅读格式技术就是确定数字出版物的电子文档格式，即通过何种方式在电子文档中表达文字、图形、图像、表格、音频、视频、动画、版式等各种内容，并使该电子文档符合数字出版的要求。阅读格式技术具有以下基本要求：便于各种出版内容的格式化转换，便于电子文档在网络环境中传播，便于电子文档在各种阅读设备中的呈现和阅读，在新的网络发展环境和新的媒体传播方式下，具备技术升级和扩展的空间。目前，阅读格式主要分为版式文档格式和非版式文档格式两大类别。版式文档格式以 CEB、PDF 为代表，非版式文档格式以 TXT、XEB、EPub、HTML 为代表。

4.什么是版式文档格式？

版式文档格式是版面呈现效果固定的电子文档格式。其特点是：版面固定、不跑版，即所见即所得；电子文档在使用过程中，呈现效果不会因为软硬件环境、操作者的变化而变化，在版面、字体、字号等方面与纸质文件保持完全一致。PDF、XPS、CEB、CEBX 是当前应用最广泛的版式文档格式。

PDF(Portable Document Format)文档格式是 Adobe 公司开发的电子文件格式。该文件格式兼容所有操作系统，PDF 文件无论在 Windows、Unix、Linux 还是 Mac OS 操作系统中都是通用的。这一特点使它成为在 Internet 上进行电子文档发行和数字信息传播的理想文档格式。目前大多数的电子图书、产品说明、公司文告、网络资料、电子邮件都使用了 PDF 文件格式。PDF 格式文件目前已成为数字化信息事实上的一个工业标准。

XPS(XML Paper Specification)文档格式是微软公司开发的一种文档保存与查看的规范格式。XPS 最为显著的特点是其所用的置标语言是 WPF 所用的 XAML 的一个子集,因此显示 Windows 应用程序所用的方法可以用于 XPS 文档,这也就决定了该格式与 Windows 操作系统以及.Net 技术等具有高度的融合性。XPS 是一个静态文档格式,其并不包括类似于 PDF 所具有的动态特性。

CEB(Chinese E-paper Basic)文档格式是北大方正于 2000 年推出的一种版式文件格式。CEB 由于在文档转换过程中采用了"高保真"技术,从而可以最大限度地保持原来的样式。文档本身与平台无关,独立于创建它的操作系统、应用软件和硬件,每个文档页面由与设备和分辨率无关的文字、图形、图像等元素组成。目前不少电子书发行机构和数字化图书馆都已经开始采用这种格式,国家有关部门还把 CEB 格式作为电子公文传递的标准格式,方正 Apabi Reader(阿帕比)则是 CEB 格式的指定阅读软件。

CEBX(Common E-Document of Blending XML)文档格式是北大方正于 2009 年推出的一种文档格式。这种格式的文档具有数据结构化、原版原式呈现、设备自适应性、动态与交互性、更好的安全性以及面向互联网等特点,应用领域相当广泛,包括电子图书、电子公文、电子期刊、电子报纸以及安全文档等多个方向。CEBX 保留并改进了 CEB 的基本特性优点,并针对网络应用、移动阅读等新的阅读模式添加了许多新特性。

5.什么是非版式文档格式?

非版式文档格式是版面呈现效果并不固定的电子文档格式。非版式文档不能带来原版原式的显示效果,甚至不能精确地描述一些特定的内容,如复杂的表格、公式等。但是非版式文档能够按照阅读的顺序记录内容,能够根据不同的现实屏幕自动调整显示比例,适用于多种阅读设备,特别是手机、平板电脑、手持阅读器。因此,随着人们阅读方式逐渐向更加便携的手持终端转移,非版式文档格式也得到了较大的发展。其中也涌现了 TXT、DOC、EPub、XEB、HTML 等一批经典文档格式。

TXT 文档格式是微软在操作系统上附带的一种文档格式。是最常见、最通用的一种文档格式,早在 DOS 时代就开始应用,可以兼容不同的操作系统,主要保存文本信息,即文字信息,但不能插入图表,不能建立超链接等。目前绝大部分的阅读器都支持该格式。

JAR 文件格式以流行的 ZIP 文件格式为基础。与 ZIP 文件不同的是,JAR 文件不仅用于压缩和发布,而且还用于部署和封装库、组件和插件程序,并可被像编译器和 JVM 这样的工具直接使用。在 JAR 中包含特殊的文件,如 Manifests 和部署描述符,用来指示工具如何处理特定的 JAR。该格式的电子书在非智能手机上大量存在。

XEB 文件格式是北大方正为适应移动阅读终端而推出的电子书格式,XEB 与国际标准接轨,以 OEB(Open EBook)为基础,以 XML 为核心技术,可以自动调整、适应屏幕大小,显示电子书内容。

AZW 文件格式是亚马逊(Amazon)公司为自己的 Kindle 阅

读器设计的专有电子书格式。由于 Kindle 阅读器的成功，该格式在专有电子书格式中牢牢地占据了一线地位，因此在中国也具有一定的影响力。

EPub 文件格式是一个开放的电子书格式标准，属于一种可以"自动重新编排"的内容，也就是文字内容可以根据阅读设备的特性，以最适于阅读的方式显示。它于 2007 年 9 月成为国际数字出版论坛(IDPF)的正式标准，目前有较多的电子图书支持 EPub。

6.什么是跨平台阅读技术？

数字阅读是指人们在各类阅读终端设备上阅读和使用数字出版内容，这是数字出版的最重要的环节。在这个过程中，一旦作为阅读对象的电子文档格式确定下来，就必须使用与之匹配的数字阅读软件。数字阅读软件通过读取并解析电子文档，根据版面描述将电子文档内容渲染和呈现出来。然而同一个数字阅读软件需要在电脑、手机、平板电脑、手持阅读器等多种硬件终端使用，不同的硬件终端采用的软件应用系统也是不同的。由于硬件终端多种多样，数字阅读软件是通过跨平台阅读技术实现在各类硬件终端设备上的数字阅读功能的。

跨平台阅读技术就是在数字阅读软件中，将电子文档呈现的核心部分以跨平台、跨语言的方式进行界面和逻辑处理的分离。逻辑处理部分与编程平台和阅读终端设备无关，易于软件移植；界面则与编程平台和阅读终端相关，必须根据指定的编程平台和阅读终端进行重新研发和适配。之所以在数字阅读软件中采用跨平台技术，就是为了尽可能减少研发各类阅读终端上数字阅读软件的成本，并尽可能保持同一阅读软件在各类阅读设备上的一致性。

7.什么是文档格式转换生成技术?

转换生成技术就是在确定版式文档格式后,将其他文档转换为该种类型的格式文档,以便生成数字资源文档,在相应的数字出版系统中流转,在各类阅读终端上呈现。目前,转换生成技术主要应用于电子书转换生成软件,该软件主要功能就是将数字内容生产过程中涉及的各类文档转换生成相应格式的电子书。同时,电子书格式不同也决定了相应的转换生成软件也不相同,例如,方正电子书转换软件为 Apabi Maker,Adobe 的电子书转换软件为 Distiller。

在技术实现方面,电子书转换生成软件主要基于两种技术:文档解析转换技术和虚拟打印技术。一是文档解析转换技术,主要是对原始文档进行解析分析,解析出其中的各种文字、图形、表格等原始元素,然后根据文档格式规定的元素要求,对照进行再次加工和转换,最后生成符合文档格式要求的目标文档。这种转换技术在文档格式转换时,能够较好地保留文档的基本逻辑结构信息,达到最好的转换效果。二是虚拟打印技术,在众多的文档格式中,还大量存在一些封闭文档格式,由于其文件结构不对外开放,无法通过文件格式的解析进行转换,此时可先通过虚拟打印驱动,通过原有软件的打印功能,实现其他格式到目标电子书文档格式的转换。

8.什么是数字版权保护技术?

数字版权保护,英文为 Digital Rights Management,简称 DRM。数字版权保护技术,简称 DRM 技术,包含了数字内容使用权限的描述、认证、交易、保护、监测、跟踪等功能,以及对使用者拥有者之间关系的管理,所有这些功能完整覆盖了整个数字出版的周期和环节。以电子书数字版权保护为例,DRM 技术就是从技术上防止数字内容的非法复制,或者在一定程度上使复制变得困难,迫使用户必须得到授权后才能使用数字内容。典型的电子书 DRM 系统结构如下图:

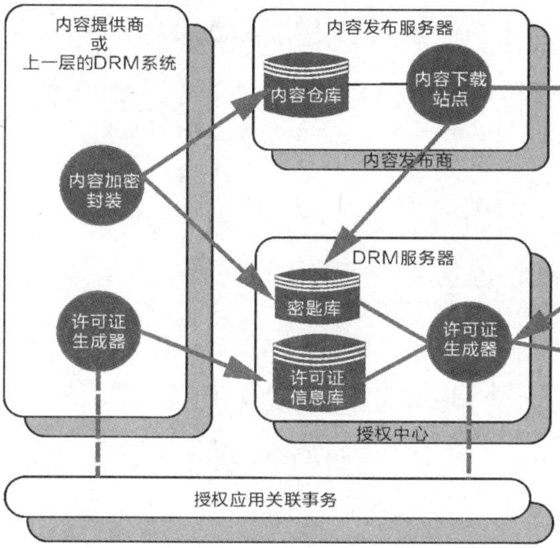

图 8-1 电子书 DRM 系统结构图

数字版权保护技术主要的基础技术包括:密码技术、安全电子交易协议、身份鉴别技术、数字内容标识技术、权利描述语言和防篡改技术等。

9.数字版权保护技术包含哪些基础技术?

数字版权保护技术主要的基础技术包括:密码技术、安全电子交易协议、身份鉴别技术、数字内容标识技术、权利描述语言和防篡改技术等。

密码技术:密码技术是实现所有安全服务的重要基础,是实现机密性、数据完整性、认证和不可否认性的关键。与 DRM 相关的一些密码技术,包括密码体制、消息摘要、数字签名与密钥管理等。加解密技术在DRM系统中应用比较广泛,如消息通信加密、证书内容加密、数据库信息加密等。

安全电子交易协议:DRM涉及目前常见的安全电子交易协议主要有安全套接层(SSL)协议和安全电子交易(SET)协议。

身份鉴别技术:身份鉴别技术多种多样,从最简单的用户名密码、硬件标识技术到公钥基础设施(PKI)技术,甚至正在研究的生物识别技术。

数字内容标识技术:数字内容标识技术用于唯一标识数字内容,帮助内容提供商管理和追踪数字内容的使用,是DRM的基本技术之一。

权利描述技术:DRM权利描述语言用于描述数字内容或服务的使用权利,即描述参与者对资源拥有的使用权利。权利(Rights)、资源(Asset)和参与者(Party)是REL三个最基本的实体。权利是关于资源的使用或访问许可,包括权限、前提条件和限制条件等。资源指的是与权利相关的具有唯一标识的数字内容或服务。参与者是与资源相关的法人实体或个人,包括版权所有者、作者、内容提供商和用户等等。

防篡改技术:现有的大部分DRM系统中,数字内容的解密使用、使用权利的解析验证都由客户端DRM应用程序(如DRM控制器)负责,而客户端设备是由用户控制的。对PC机等通用设备而言,DRM应用程序的运行环境是不安全的,必须采取一定的防篡改(Tamper Resistance)技术来保护DRM应用程序的安全性,确保数字内容的合法使用。

10.什么是语义分析技术?

语义分析技术就是利用计算机对语句进行语义分析,将词语和文本片段在一个较低维的概念空间中进行表示，从现代汉语语句中提取浅层语义信息，获得一种描述语句浅层语义信息的形式化表示，对这种形式化表示建立索引，并以此作为语义检索的数据源。语义分析技术大部分用于文本信息的过滤、文本主题信息提取等应用。将表达语义联系的多层次相似度通过信息融合技术进行融合，并将其映射成查询语句与索引数据之间的相似度，以此来达到语义检索的目的。为充分利用文本中的词序信息，可以将文本表示在被类标派生出来的概念所构成的空间中。根据语料库的不同可以形成直接派生、拆分派生和组合派生三种派生方式，以便更加准确地分析语义。

11.什么是大数据？

大数据(Big Data)，或称巨量资料，指的是所涉及的资料量规模巨大到无法通过目前主流软件工具，在合理时间内达到撷取、管理、处理、并整理成为帮助企业经营决策更积极目的的资讯。对于“大数据”，研究机构 Gartner 给出了这样的定义：“大数据”是需要新处理模式才能具有更强的决策力、洞察发现力和流程优化能力的海量、高增长率和多样化的信息资产。

从技术上看，大数据与云计算的关系就像一枚硬币的正反面一样密不可分。大数据具有 4V 特点：Volume(大量)、Velocity(高速)、Variety(多样)、Value(价值)。大数据必然无法用单台的计算机进行处理，必须采用分布式计算架构。它的特色在于对海量数据的挖掘，但它必须依托云计算的分布式处理、分布式数据库、云存储和虚拟化技术。

12.什么是云计算？

云计算(Cloud Computing)是基于互联网的相关服务的增

加、使用和交付模式，通常涉及通过互联网来提供动态易扩展且经常是虚拟化的资源。云是网络、互联网的一种比喻说法。过去在图中往往用云来表示电信网，后来也用来表示互联网和底层基础设施。用户通过电脑、笔记本、手机等方式接入数据中心，按自己的需求进行运算。

对云计算的定义有多种说法。对于到底什么是云计算，至少可以找到100种解释。目前广为接受的是美国国家标准与技术研究院（NIST）的定义：云计算是一种按使用量付费的模式，这种模式提供可用的、便捷的、按需的网络访问，进入可配置的计算资源共享池（资源包括网络、服务器、存储、应用软件、服务），这些资源能够被快速提供，只需投入很少的管理工作，或与服务供应商进行很少的交互。云计算包括以下几个层次的服务：基础设施即服务（IaaS），平台即服务（PaaS）和软件即服务（SaaS）。

13.什么是增强现实技术？

增强现实技术（Augmented Reality，简称 AR），是一种实时地计算摄影机影像的位置及角度并加上相应图像、视频、3D 模型的技术，这种技术的目标是在屏幕上把虚拟世界套在现实世界并进行互动。这种技术 1990 年提出。随着随身电子产品 CPU 运算能力的提升，预期增强现实的用途将会越来越广。

增强现实技术包含了多媒体、三维建模、实时视频显示及控制、多传感器融合、实时跟踪及注册、场景融合等新技术与新手段。增强现实提供了在一般情况下，不同于人类可以感知的信息。

AR 技术是一种将虚拟世界重叠到现实世界上，给观众（读者）带来超现实的体验。目前，在少儿出版和专业出版领域应用较为广泛。

14.什么是虚拟现实技术?

虚拟现实技术(Virtual Reality,简称 VR),是一种可以创建和体验虚拟世界的计算机仿真系统,它利用计算机生成一种模拟环境,是一种多源信息融合的、交互式的三维动态视景和实体行为的系统仿真,使用户沉浸到该环境中。

虚拟现实技术主要包括模拟环境、感知、自然技能和传感设备等方面。模拟环境是由计算机生成的、实时动态的三维立体逼真图像。感知是指理想的 VR 应该具有一切人所具有的感知。

VR 技术与传媒对接形成的 VR 形态,使得呈现内容逐步向数据真实、内涵丰富、更新快速方向转化;呈现画面逐步向灵动鲜活、高清晰度方向转化;呈现方式逐步向简约便捷、人机交互和分布式方向转化;呈现领域逐步向多层次、多元素、全方位方向转化。目前,在教育出版、少儿出版、专业出版领域应用较为广泛。

15. 什么是人工智能?

人工智能(Artificial Intelligence,简称 AI),它是研究、开发用于模拟、延伸和扩展人的智能的理论、方法、技术及应用系统的一门新的技术科学。AI 技术将广泛应用于教育、知识服务等领域。

16.数字出版相关技术包括哪些方面?

数字出版相关技术是指在数字出版中经常涉及的技术。这些技术是数字出版发展的重要基础和前提条件。数字出版相关技术包括三个大的方面,即:数字内容创作技术,为数字出版提供内容来源;互联网技术,为数字出版提供内容传播的手段;数字印刷和按需印刷技术，为数字出版提供满足用户个性需求、向传统图书接轨的手段。

17.什么是数字内容创作技术？

数字内容创作技术为数字出版提供内容来源，主要包括数字出版内容的作者创作时使用的相关技术和软件。目前，主流的内容创作工具有文档编辑软件和专业排版软件等。

18.文档编辑软件主要有哪些？

文档编辑软件主要用于撰写出版物内容，基本功能有：文字编辑、文字排版、表格排版、公式编辑、图像插入、简单图形和图像处理、目录自动生成、页码自动生成，有的软件还支持 PDF、XPS、HTML 的输出，具有更复杂的文档合并、版面控制功能。除了基本的文档编辑功能外，文档编辑软件往往还提供一些帮助作者高效写作的智能功能，如：拼写检查、排版样式、格式刷、图表自动编号等。目前主要的文档编辑软件有国产的 WPS 和微软的 Mircosoft Word。

WPS(Word Processing System)是金山软件公司于 1989 年推出的一款办公软件。最新版本已经更新到 WPS 2017，包括 WPS 文字、WPS 表格、WPS 演示、WPS 云文档等功能。其中 WPS Word 是专用于文字处理的应用程序。WPS 可运行于 Windows 和 Linux 平台。

Mircosoft Word 是微软公司开发的一套基于 Windows 操作系统的办公软件套装 Microsoft Office 的组件之一。借助 Windows 操作系统的影响力，以及自身所特有一些产品特性，Mircosoft Word 在全球占有极大的市场份额，已经成为了文档开发、编辑、加工的主要软件。

19.专业排版软件主要有哪些?

专业排版软件的使用群体主要为出版及印刷机构，主要用于图书、报纸、期刊等纸质出版物的专业排版，以高效批量生产为主要目标。专业排版软件具备版面控制、图形图像处理、文字自动排版、特效制作、模板功能、印刷和打印接口等功能。目前，常用的专业排版软件有飞腾(FanTart)创艺和 InDesign。

方正飞腾(FanTart)创艺是北京北大方正电子有限公司研发的一款集图像、文字和表格于一体的综合性排版软件，它以强大的图形图像处理能力、人性化的操作模式、顶级中文处理能力和表格处理能力，能出色地表现版面设计思想，适于报纸、杂志、图书、宣传册和广告插页等各类出版物排版。方正飞腾在国内出版社、报刊社具有较大的市场份额，是国内主流的专业排版软件。

InDesign 软件是一个定位于专业排版领域的设计软件，是面向公司专业出版方案的新平台，由 Adobe 公司于 1999 年 9 月 1 日发布。它是基于一个新的开放的面向对象体系，可实现高度的扩展性，还建立了一个由第三方开发者和系统集成者可以提供自定义杂志、广告设计、目录、零售商设计工作室和报纸出版方案的核心。

20.数字出版在互联网的基本服务形式有哪些?

互联网(或信息网络)为数字出版提供了形式多样、灵活便捷的传播渠道，广大的用户和读者群体通过互联网阅读、购买、消费数字出版内容，互联网的快速普及应用为数字出版的快速发展奠定了坚实的基础。因此，互联网技术是数字出版重要的应用和传播技术，互联网服务也成为了数字出版重要的服务方式。目前，数字内容的互联网服务的基本形式有电子商务网站、数字报刊网站、数字图书馆等。

21.数字内容电子商务网站是如何提供服务的？

数字内容电子商务网站是以数字内容产品（如电子图书）作为销售对象的电子商务网站，采用B2C的服务及销售模式。国内典型的代表有：起点中文网、纵横中文网、红袖添香等。数字内容电子商务网站主要有以下基本功能。

一是数字内容展示及宣传，网站一般会展示出版物的封面、目录等信息，发布热门作品的宣传及推介广告，提供作品及作者的相关新闻资讯等等，同时提供部分作品的试读功能。二是数字内容排行和检索，网站会根据作品的热度进行排名，按照作品的点击量、下载量、推荐量等进行分类排行，同时也支持基于关键词的精准搜索；大量应用基于用户大数据分析的个性化服务技术，为读者提供个性化、精准化的阅读服务。三是数字内容订购及支付，便捷地为读者提供订阅服务，定期根据用户需求推送数字内容，创造安全便捷的网上支付平台，通过银行或第三方支付平台实现网上支付。四是读者信息管理及服务，建立完善的读者信息管理系统，充分利用读者信息挖掘数字内容销售潜力；利用书评、论坛、官方微博微信等方式，建立网站与读者、读者与读者、读者与作者之间的沟通及互动平台，促进三者之间的信息交流；面向读者提供在线客服功能。

22.数字报刊网站是如何提供服务的？

数字报刊网站以数字化的报纸或期刊作为销售对象，数字报刊网站一般支持原版原式的阅读，或者按照报刊文章为单元实现阅读。网站支持报刊或文章的搜索和展示、在线阅读和离线下载阅读。对于收费阅读，网站还支持各类支付方式或订阅套餐的管理，以及相关广告的展现、读者互动等。其基本功能与数字内容电子商务网站比较类似。

23.数字图书馆是如何提供服务的?

数字图书馆是数字内容服务的B2B形式，即由图书馆采购数字出版物，而后通过网站供读者选择和阅读数字内容。数字图书馆的首要任务是接受读者检索资源，因此一般都提供了高级检索功能。数字图书馆的电子图书一般都提供在线阅读和离线下载的功能，图书内容的浏览和阅读一般是在另一个阅读软件（如 Apabi Reader）中进行的，阅读软件会与数字图书馆网站自动关联，自动启动并下载、打开、展现和管理图书资源。

24.什么是阅读终端?

阅读终端是数字出版的呈现和消费环节，也就是数字内容的呈现和消费环节。移动阅读技术就是要解决数字出版的阅读终端的问题，常用的阅读终端包括桌面电脑、平板电脑、手机、电子阅读器，用户通过终端的显示屏幕和阅读软件，来阅读和消费数字内容产品。

25.主流的移动阅读终端有哪些?

移动阅读器以其无纸阅读性、方便携带、超低功耗、以及超长待机等优异性能，正发展成为移动阅读市场的主力军。桌面电脑是最早成为阅读终端的，具有屏幕大、处理能力强、扩展性和兼容性强、互联网能力强、发展较为成熟的特点，它仍然是当前数字出版的主要阅读终端之一，几乎所有的数字出版方案，如电子图书、数字图书馆、数字期刊、数字报纸、原创文学、多媒体资源等都支持桌面电脑阅读。未来，桌面电脑依然是数字出版的标配阅读终端。但随着其他便携设备的发展，其体积笨重、供电不便等缺点制约了阅读体验，已经不再是人们热衷追求的重点。平板电脑、手机、电子阅读器等设备因具备便携和可移动性已成为主流的移动阅读终端，设计在移动终端上进行阅读的业务被称为移动阅读业务或移动出版业务。在数字出版时代，移动阅读已经成为重要的业务模式。

26.平板电脑的阅读优势有哪些？

平板电脑与普通笔记本电脑相比优势非常明显。它不但体积小，携带方便，可在移动中完成所有功能运行，应用范围更加广泛。在户外作业、旅行、娱乐等方面，平板电脑都以便于携带、接入互联网速度快等优势领先于普通电脑。另外，支持移动通话的平板电脑更是比普通的智能手机在数据处理速度、功能种类以及操作便捷方面胜出一筹。与电子阅读器相比，其速度、性能、综合应用、外观、多媒体功能、网络接入能力、使用体验、触控操作、娱乐性、显示屏等均高出甚多，唯一不能赶上电子阅读器的就是能耗和长时间阅读。因此，PAD 的出现对电子阅读器造成了很大的压力，很多没有平台服务支撑的电子阅读器就此遇冷。

27.手机的阅读优势有哪些？

在数字出版的众多模式中，以手机为平台的数字阅读尤其令人瞩目。一是市场广泛性，手机的全民普及性是其他阅读终端所无法比拟的。中国有超过 10 亿的手机用户，他们都可以成为手机阅读的潜在用户，而且手机用户对于阅读的需求也在不断加大，这样庞大的用户市场是不可忽视的。二是阅读便携性，手机阅读将手机和阅读结为一体，随着手机工艺水平和技术的不断进步，功能多样、外形精美、操作方便、体型适中的手机使读者能够在任何时间都能享受阅读新体验，获取知识和信息。三是商品交易的便利性，手机既可以随时下载更新内容，又免去了繁琐复杂且风险性较高的网银支付。用固定的手机运营商来代替其他第三方支付平台，以手机话费代扣的方式作为支付手段，远比其他网络银行更安全、便捷、有效。

28.当前主流移动阅读终端的操作系统有哪些？

当前主流的移动终端操作系统主要有IOS系列、Android系列、Windows系列、Symbian系列和Linux系列，市场占有率最高、用户数量最多的是以下三个系统。

一是IOS操作系统，苹果IOS是由苹果公司开发的手持设备操作系统。苹果公司最早于2007年1月公布这个系统，最初是设计给IPhone使用的，后来陆续套用到IPod Touch、IPad以及Apple TV等苹果产品上。

二是Android操作系统，Android是一种以Linux为基础的开放源代码操作系统，主要适用于便携设备，目前中国大陆地区一般称之为“安卓”。Android操作系统最初由Andy Rubin开发，最初主要支持手机。2005年由Google收购注资，并组建开放手机联盟开发改良，逐渐扩展到平板电脑及其他领域上。

三是Windows移动操作系统，Windows是微软的操作系统品牌，微软有三个基于Windows的嵌入式操作系统，即Windows CE、Windows Mobile、Windows Phone。其一，Windows CE是微软公司嵌入式、移动计算平台的基础，是基于掌上型电脑类的电子设备操作系统，它是精简的Windows 95，主要面向掌上电脑(Pocket PC)。其二，Windows Mobile是微软针对移动设备而开发的操作系统。该操作系统的设计初衷是尽量接近于桌面版本的 Windows，微软按照电脑操作系统的模式来设计 WM，以便能使得 WM 与电脑操作系统一模一样。其三，Windows Phone 是微软发布的一款手机操作系统，它将微软旗下的 Xbox Live 游戏、Zune 音乐与独特的视频体验整合至手机中。2010 年 10 月，微软公司正式发布智能手机操作系统 Windows Phone(即 Windows Phone 7，WP7)。

29.什么是数字印刷？

国家标准 GB/T 9851.1-2008《印刷技术术语第 1 部分：基本术语》对数字印刷(Digital Printing)给出的定义为：“使用数据文件控制相应设备，将呈色剂、色料(如油墨)直接转移到承印物上的复制过程。”

根据这一定义，数字印刷具有如下基本特征。一是承印物、非脱机载体图文直接成像性，即由数字信息形成并传递呈色剂相关的图文影像，借助成像装置，在机内影像载体或承印物上直接形成影像，无需脱机制作图文影像信息恒定的印版实体。二是图文影像信息随印张可变性，在印刷过程中，各印张的图文信息可以改变而各不相同。这一属性与前述非脱机载体直接成像特性联系，形成“按需印刷”“可变信息印刷”的特点。

因此，数字印刷可以定义为：由数字信息生成随印张可变的图文影像，借助成像装置，直接在承印物上成像或在非脱机影像载体上成像，并将呈色剂及辅助物质间接传递至承印物而形成印刷品，且满足工业化生产要求的印刷方法。数字印刷的按需出版满足了出版业的个性化、可变化、多品种、小批量、短周期的发展趋势，是一种绿色印刷手段。

30.数字印刷的核心技术和相关技术有哪些？

数字印刷的核心技术包括硬件、软件和印刷材料三部分。

一是硬件核心技术，包括：成像技术、成像装置制造技术、呈色剂传递技术、承印介质传输技术、印刷品后处理技术、高速数据传输和驱动技术等。其中，数字成像技术又是数字印刷技术核心的核心，所有成像技术都是借助某种技术手段，将呈色剂传递到承印物上，形成所需图文影像。现有的数字印刷成像技术有：静电照相成像、喷墨成像、离子成像、磁成像、热升华及转移成像、色粉喷射成像、电凝聚成像技术等，其中喷墨成像技术是目前发展的主流技术。

二是软件核心技术，包括：字库及其兼容技术、数字页面图文描述技术、静态与可变信息整合技术、动态排版技术、数字页面高速解释技术、数字栅格化和加网技术、色彩管理技术、数字资产管理技术、数字印刷流程集成管理技术、网络远程调控技术等。

三是印刷材料制造核心技术，包括：数字印刷呈色剂和承印材料制造技术。

四是其他相关技术：计算机硬件、网络硬件、印刷机设计制造技术等；操作系统、数据库、网络、信息安全技术等；相关印刷材料制造技术。

31.什么是按需印刷技术？

按需印刷是以按需印刷思想为先导、以按需印刷制度为保障、以按需印刷技术为支撑的现代全新印刷模式。

按需印刷的基本内涵至少应包括以下方面：①即时印刷（按时印刷），即按照顾客时间要求随时开机印刷；②按地印刷（远程印刷），即按照顾客地点要求就地或远程印刷；③按量印刷（短版印刷），即按照顾客数量要求可以多印也可以少印（一册起印）；④可变印刷（个性印刷），即按照顾客要求随时对印刷内容和形式进行调整；⑤随选印刷(可选印刷)，即有丰富的内容和形式供顾客选择后印刷；⑥直接印刷(数字印刷)，即不需要经过实物载体的转换而直接进行印刷；⑦快速印刷(闪电印刷)，即以非常快的速度完成各环节的印刷任务；⑧绿色印刷(环保印刷)，即整个印刷过程环保卫生且浪费极小；⑨永续印刷(随时印刷)，即可按照顾客要求永久保存内容数据以后随时印刷；⑩预售印刷(零库存印刷)，即根据销售订单进行定量印刷。

32.按需印刷技术包括哪些方面？

按需印刷技术主要包括数字印刷技术和以下的各项技术。一是版权控制技术，对于数字作品控制印刷版权，确保印刷数量与版权许可数量一致。二是支付控制技术，确保在满足支付条件时实施印刷。三是流程控制技术，控制前端设计、印刷设备和后端折手、装订等设备的协同，确保印刷流程的一体化控制。四是物流控制技术，确保印刷和物流之间的协同，保证零库存和读者的零等待。

33.电子书数字出版系统主要由哪些部分组成？

电子书数字出版系统是以数字版权保护 DRM 为核心技术，通过子系统配合，保证销售的电子书可计数(并且这种计数是不可抵赖的)，为出版社提供版权保护和出版发行服务，为读者提供借阅、购买和阅读电子书的服务。整个电子图书数字出版系统的组成如下图所示：

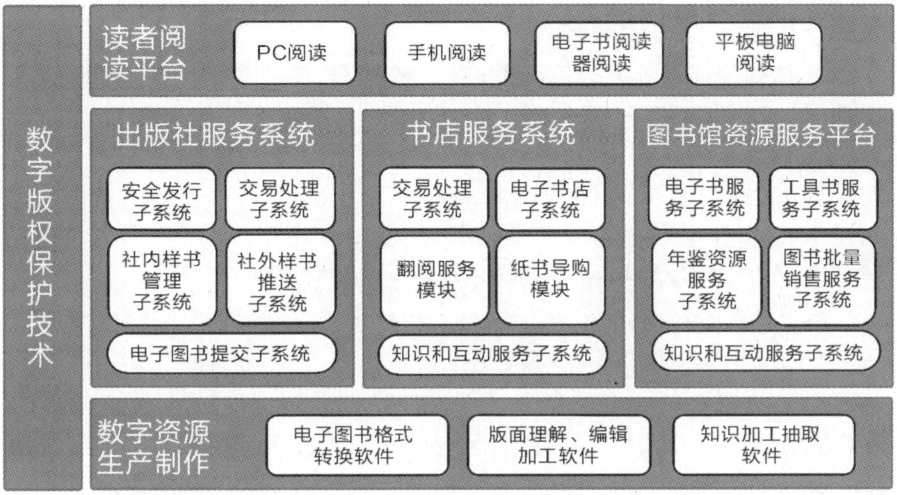

图 8-2 电子图书数字出版系统组成图

从系统组成图中可以看出，数字出版系统的结构可以分为三个层次。

一是数字资源生产制作层，这是进行数字资源产品加工的地方，其中的电子图书格式转换软件用于将其他格式的电子文档转换为统一的电子书格式，如 CEB、PDF、CEBX 等，以便形成数字出版的资源库；版面理解、编辑加工软件用于对非结构化的电子文档进行理解和识别，形成结构化的文档，以便进行数字资源知识加工和数字资源优化；知识加工抽取软件用于对电子文档进行细粒度的知识加工，形成知识结构、知识点和知识关联，为深层次的数字出版服务提供基础。

二是数字资源服务层，以互联网技术为基础，提供各类数字资源服务。目前的服务主要有三类。其一，出版社服务系统，主要为出版社提供数字出版通道，帮助出版社进行数字出版；其二，书店服务系统，即电子书零售系统，是 B2C 服务的主要形式；其三，图书馆资源服务平台，是 B2B 服务的主要形式，主要是为机构提供读者借阅、阅读平台。

三是读者阅读平台层，以阅读终端技术为基础，向各类读者提供阅读电子书的系统。目前，主要的阅读终端有个人电脑、平板电脑、手机、手持阅读器等。

34.电子书数字出版系统的主要功能有哪些？

主流电子书数字出版系统有五大主要功能。

一是电子书生产制作功能。通过各种应用软件，实现电子书的编辑、加工、制作，其中又包括 4 个子方面。其一，电子书格式转换功能，将多种格式的文件（如 DOC、图片、HTML、TXT 等）转换为统一的电子图书格式（如 CEB、CEBX、PDF、EPUB、XEB 等），转换过程中尽可能保证保持版本原样和内容结构并提供多文档合并、批量转换等功能。其二，信息编辑、内容链接处理功能，对电子书内容进行编辑加工，为电子书添加超级链接、电子书元数据信息，添加多媒体链接，以加工制作带有声音、动画、多媒体的电子书。其三，版面理解功能，实现对文档智能理解和结构化信息抽取，用于加速和优化电子书制作过程，或者为数字资源的深度知识化加工做数据准备。其四，知识加工功能，在抽取数字资源信息后，整合数个资源，形成资源知识结构，为后期的知识服务做准备。

二是出版服务功能。在已经加工好的电子图书基础上，为出版社提供版权保护和出版发行服务，其中又包括 5 个子方面。其一，电子书加密功能，对电子书资源进行加密、管理密钥并发放数字许可证，和交易处理子系统一起实现数字版权管理和保护、防止非法拷贝、控制电子书安全分发和电子图书交易。其二，电子书交易处理功能，电子书交易服务子系统包括统计中心和价格中心，前者实现电子书交易信息的认证、统计，通过网站销售的数据(B2C)和销售给图书馆的数据都被完整、准确地记录下来，且数据不可篡改，后者可以实现电子书按照销售年限自动调价，也可创建定价策略。其三，社内样书管理功能，可为出版社编辑及社内工作人员提供本社出版的图书样书的查询及阅读服务，并且防止图书经过内部人员扩散到外部。其四，社外样书推送功能，发送 DRM 技术保护的电子样书，并对样书被阅读的情况进行统计。其五，电子书提交功能，将排版文件、已经加工好的电子书资源文件或用于章节试读翻阅的内容文件安全、快速地提交给数字资源生产服务中心。

三是发行服务功能。发行服务功能应该包括电子书安全发行与销售、纸书导购、电子样书推送、在线原版翻阅、POD 按需打印、知识和互动服务等功能，主要包括以下 5 个子方面。其一，电子书店服务功能，电子书店往往以门户网站的形式为用户提供服务，主要方式有电子书的信息查询、检索、章节试读、纸书导购，电子书的购买、支付、下载等功能，还有的电子书店提供电子书内容按需打印、知识推荐和电子书推荐、读者互动，如论坛、书评等。其二，电子书安全交易功能，保证相关交易活动在 DRM 技术保障下进行，确保交易过程中的版权安全。其三，翻阅服务功能，在浏览器中展现图书的可翻阅部分，提供的图书章节试读、翻阅服务。其四，导购服务功能，在显示图书信息的同时，引导读者到书店购买纸书。其五，知识和互动服务功能，通过电子书店门户网站实现相关电子书的知识推荐、知识服务和读者互动功能。

四是图书馆服务功能。图书馆资源服务平台将模拟纸书为图书馆服务的模式，是电子书迈入图书馆、为机构提供服务的平台。可以提供电子图书借阅服务、条目数据检索，以及与之相关的图书批量销售功能。这些服务和功能一般都是通过网站的方式实现，主要包括以下4个子方面。其一，电子书管理功能，以管理图书馆购买的电子书，并向读者提供借阅、归还服务，还可以根据需要设定用户对资源的访问权限。其二，查询检索服务功能，可以提供诸如工具书条目或者年鉴文章等条目式数据的查询、检索服务，并可以按分类进行原文阅读和展示；还可以进行引用、打印及收藏电子书。其三，图书批量销售服务功能，将包括批量图书选购、授权及发货三个部分，通过DRM技术保证销售的图书种类、数量、复本能完整地到达用户单位，并根据购买订单进行批量授权，销售信息进入交易统计系统进行自动统计。其四，知识和互动服务功能，与发行服务功能类似，支撑图书馆服务平台中的知识阅读、知识推荐和互动服务。

五是读者阅读功能。各类阅读终端通过互联网与电子书店、数字图书馆等网站实现数据交换，将购买或借阅的电子书下载或转移到阅读终端上，并通过在线或离线的方式对电子书进行呈现。一般提供以下功能：图书管理、下载管理、购买和借阅管理；页面笔记功能，支持全文查找、全文朗读功能；支持播放多媒体文件；兼容电子词典功能，支持阅读模式，支持多文种切换；可阅读版权保护下的电子图书。

35.数字报刊出版系统主要由哪些部分组成？

数字报刊出版系统是建立在报刊纸本基础上的全媒体数字出版，主流的系统主要由四个部分组成。

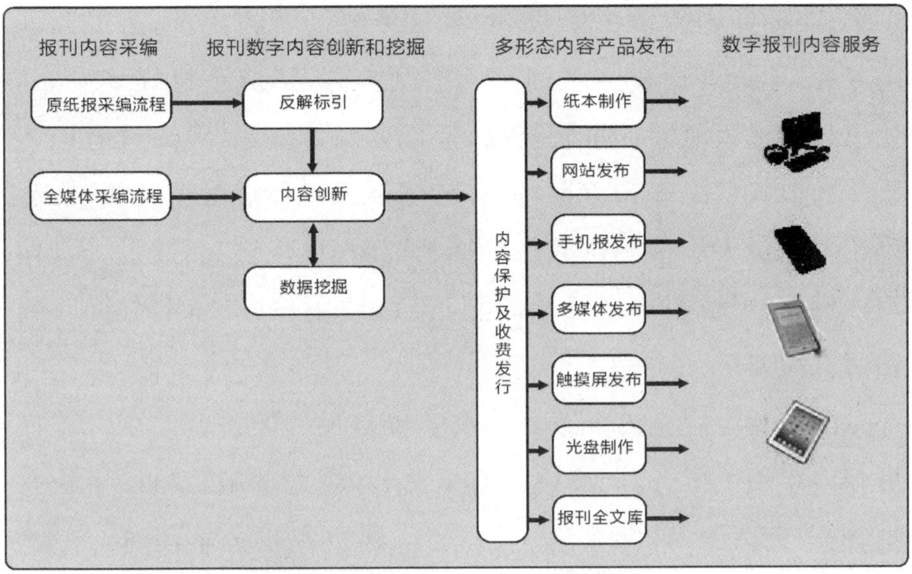

图 8-3 数字报刊出版系统图

一是报刊内容采编系统。在原来的纸报采编流程之外，增加全媒体采编流程，主要负责数字报刊部分的内容采编，且包括多种媒体形式（如图片、视频、音频、动画等）和采编方式（电子稿件、互联网稿件、智能手机稿件等）。

二是报刊数字内容创新和挖掘系统。主要负责报刊数字内容资源的制作、创新和进一步的知识挖掘。制作是将纸报或其他来源的稿件转换或加工成为将要出版的数字报刊资源格式（如 PDF、HTML 等）；创新是指根据数字报刊发布的平台，形成新的报刊资源，如附加新的版式和格式、增加广告、形成摘要等；知识挖掘是指利用数据挖掘技术，对报刊内容进行知识化加工，如形成相关知识框架、新闻事件演变脉络等，以便为读者提供深层次的知识服务。

三是多形态内容产品发布系统。以已有的报刊数字资源为基础，根据应用和读者的需要，提供多种渠道的报刊资源服务应用形式,如印刷传统纸本报刊,满足传统读者的需求;形成互联网服务,让读者通过互联网访问报刊资源;形成手机媒体发布,让读者通过手机阅读报刊资源;形成多媒体资源,允许读者以多媒体的形式获得报刊信息(如多媒体杂志);形成触摸屏报刊,允许用户通过大屏幕触摸屏查看报刊资源;形成合刊,通过光盘向用户发布;形成报刊全文库,提供给机构用户,以满足数据收集和研究需要。

四是数字报刊内容服务系统。以多种阅读平台向用户提供报刊内容阅读服务,阅读终端有多种,如个人电脑、手机、平板电脑、电子阅读器等,除了内容阅读外,还可提供内容浏览、下载、内容评论、分享等互动功能。

36.数字报刊出版系统的主要功能有哪些?

主流数字报刊出版系统主要有四大功能。

一是反解标引功能。版面反解标引子系统是数据采集的最前端,它的功能是对纸本报刊的生成数据,进行结构化信息提取,以便为数字出版提供主要的文档数据。主流的反解标引子系统支持常用排版软件的排版文件(如飞腾系列)和通用版式文件(PS、PDF)的反解和标引,支持华光 PS 的反解标引,具有操作简单、智能化程度高、标引效率高的特点。

二是内容创新功能。内容创新是指在传统采编形成的报刊稿件库的基础上,根据各类媒体发布的特点,通过手动和自动选稿方式,形成各类专题库。专题库中的专题可由相应的软件系统制作发布为多种媒体形态,如传统纸本报刊、互联网报刊、手机报刊、多媒体报刊、触摸屏报刊、光盘合刊、报刊全文库等。内容创新实际上是在有数字报刊资源的基础上进行数字报刊的生产，在这个过程中需要部门协调、统一监控、报刊出版管理，还包括针对不同内容粒度的元数据更改、针对多种媒体素材的创建、编辑、调序等功能，以保障数字报刊的正常生产。

三是多形态内容产品发布功能。数字报刊的发布渠道或传播方式较为灵活，有多种形式，主要包括以下 5 种。其一，触摸屏报刊，是在公共场所展示的数字报刊，供人们阅读或操作。其二，互联网报刊，是将报刊的数字内容以网站页面的形式在数字报刊网站发布，读者通过访问数字报刊网站阅读数字报刊内容和信息。其三，多媒体报刊，是将报刊数据以多媒体的形式发布，让读者通过丰富的图片、音视频、互动操作等元素来获取报刊的信息和内容，给读者以强烈的感官刺激。其四，手机报刊，是指将报刊内容以适于手机阅读和传播的形式发布，一般报刊内容被发布到手机阅读网站上，订阅该内容的用户手机可主动获取和自动接收内容，进行在线或离线阅读。其五，报刊全文库，主要是按主题集成报刊内容，向客户（一般为机构）提供专题服务的一种报刊内容发布形式。

四是内容服务功能。数字报刊内容服务是指数字报刊系统为用户提供阅读和各类服务，数字报刊内容服务以阅读终端为载体，并通过互联网网站或专有发布平台（如手机可阅读为手机平台特定发布的手机报，IPad 可阅读专为 IPad 定制的多媒体报刊等），为广大用户提供阅读服务，同时还可提供内容检索、下载、评论、分享等服务功能。

第九部分 互联网教育出版常识

1.什么是在线教育？

在线教育以网络为介质的教学方式，通过网络，使得学员与教师即使相隔万里也可以开展教学活动；此外，借助网络课件，学员还可以随时随地进行学习，真正打破了时间和空间的限制，对于工作繁忙，学习时间不固定的职场人而言网络远程教育是最方便的学习方式。

2. 什么是云教育？

云教育（Cloud Computing Education，简称 CCEDU ），《著云台》的分析师团队结合云发展（Cloud Development ）的理念总结认为，是指基于云计算商业模式应用的教育平台服务。在云平台上，所有的教育机构、培训机构、招生服务机构、宣传机构、行业协会、管理机构、行业媒体、法律机构等都集中云整合成资源池，各个资源相互展示和互动，按需交流，达成意向，从而降低教育成本，提高效率。云教育是在云技术平台的开发及其在教育培训领域的应用。云教育打破了传统的教育信息化边界，推出了全新的教育信息化概念，集教学、管理、学习、娱乐、分享、互动交流于一体。让教育行政部门、学校、教师、学生、家长及其他教育工作者这些不同身份的人群，可以在同一个平台上，根据权限去完成不同的工作。云教育包含了云培训中的教育培训管理信息系统、远程教育培训系统和培训机构网站，属于大型教育平台涉及技术领域。在这个覆盖世界的教育平台上，共享教育资源，分享教育成果，教育者和受教育者实现互动。

3. 什么是云课堂？

所谓"云课堂"，是一类面向教育和培训行业的互联网服务。使用机构无需购买任何硬件和软件，仅仅通过租用网络互动直播技术服务的方式，就可以实现面向全国的高质量的网络同步和异步教学及培训，是一种真正完全突破时空限制的全方位互动性学习模式。"云课堂"是基于云计算技术的一种高效、便捷、实时互动的远程教学课堂形式。使用者只需要通过互联网界面，进行简单易用的操作，便可快速高效地与全球各地学生、教师、家长等不同用户同步分享语音、视频及数据文件，而课堂中数据的传输、处理等复杂技术由云课堂服务商帮助使用者进行操作。

4. 什么是云学习？

"云学习"系统是在云计算（Cloud Computing）环境中，围绕学习服务，以心理学、教育学、知识工程和系统工程的理论为指导，建立云知识、云任务、云资源、云组件、云网站和学习者认知结构等关键模型，利用软件架构和 Web 互动技术开发的、具有互动探究特色的、开放式可持续发展的、个性化、分布式学习系统；是互动探究式学习资源开发、交易、运行与发展的技术规范。

一是以学习者为主体。云学习系统以人脑在学习过程中的特征规律为参考，设置情境，激发动机、训练能力、培养兴趣，提高成绩和素质。二是以知识为核心。为此云学习建立了词汇型知识库、句子型知识库、组件化知识库、互动视频库、百科知识库等各种知识库。在云学习的世界里，知识具有类似人脑的知识形态：网状、可成长。并且通过这种网络化的知识，来表示知识学习要求，匹配学习资源，管理学习过程，实现闭环控制和个性化推送。三是以互动探究为资源特色。不仅人与知识互动，并且人与人之间也实现了互动探究。人与知识之间的互动，主要通过操作学习对象或与之关联的对象来实现，它包括人对学习对象的认知、探索、实验、模仿、训练、重构、游戏、评价、合作协同等来实现。人与人之间的互动，则主要通过教育者对学习者活动流程的设置，对活动型组件和学习资源的配置来实现。四是开放式可持续成长。通过云系统内部的资源商店机制、学习组件程序商店机制、云网站机制以及云客户端机制，将知识开发者、组件开发者、运营者、学习者、课程开发者等不同类型用户有机结合起来，不仅实现了资源共建共享、逐步成长的目标，还形成了多类型用户共赢的局面。

5. 什么是电子课本？

电子课本（E-Textbook）是指通过数字化、交互功能的智能化将教材内容以科学直观的图、文、声、像展现并通过电子介质阅读的课本。电子课本多角度、多维度地呈现教材内容，方便学生理解和掌握教材知识，为传统教材模式向网络化教材转变提供了良好范式。此外，电子课本加入书签、笔记和标注等功能，更好地提高了学生的积极性。电子课本不是把传统教材简单地扫描放置在学习网上，而是以纸质主体教材为基础，对教材内容及知识点进行深度挖掘和加工，以影、音、图、文等科学直观地实现了教材内容的数字化、交互功能的智能化。

6. MOOC 是什么？

MOOC(Massive Open Online Courses)，指大型开放式网络课程，又称“慕课”。2012 年，美国的顶尖大学陆续设立网络学习平台，在网上提供免费课程，Coursera、Udacity、Edx 三大课程提供商的兴起，给更多学生提供了系统学习的可能。2013 年 2 月，新加坡国立大学与美国公司 Coursera 合作，加入大型开放式网络课程平台。新加坡国立大学是第一所与 Coursera 达成合作协议的新加坡大学，它 2014 年率先通过该公司平台推出量子物理学和古典音乐创作的课程。这三个大平台的课程全部针对高等教育，并且像真正的大学一样，有一套自己的学习和管理系统，而且它们的课程都是免费的。大型开放式网络课程成功实现了一种高端的知识交换。它可适用于专家培训，各学科间的交流学习以及特别教育的学习模式——任何学习类型的信息都可以通过网络传播。而网络课堂可以给你带来很多益处。让每个人都能免费获取来自名牌大学的资源，可以在任何地方、用任何设备进行学习，这便是 MOOC 的价值所在。

7. 什么是数字化教学资源？

数字化教学资源是指经过数字化处理，可以在多媒体计算机及网络环境下运行的多媒体教学资料。按信息的呈现方式划分，数字化教学资源可分为数字化课件、数字化音频、数字化视频、数字化网上教学资源等。与传统的教学资源相比，数字化教学资源有以下几个方面的特点：①处理技术数字化——数字化处理技术将声音、图形、图像、动画等音频视频信号经过转换器抽样量化，使其由模拟信号转换成数字信号。数字信号的可靠性远比模拟信号高，对它进行纠错处理也容易实现；②处理方式多媒体化——指利用多媒体计算机技术存储、传输、处理多种媒体形成的教学资源。与传统的纯文字或图片处理信息的方式相比，经多媒体计算机处理的教学资源更加丰富多彩；③信息传输网络化——数字化教学资源可以通过网络实现远程传输，学习者可以在任何一台上网计算机上获取自己需要的信息；④学习资源系列化——指数字化教学资源可由资源管理人员或教学人员进行系统分类，在教学过程中向不同的学习者提供不同系列的教学信息；⑤使用过程智能化——指教学资源可根据不同学生的特点选择最恰当的教学内容和教学方法，并对学生进行有针对性的指导；⑥资源建设可操作化——指教学资源允许学生和教师运用多种信息处理方式对其进行运用和再创造，师生还可将自己制作的资源（如电子作业）加入数字化资源库中。数字化教学资源是教学媒体数字化的产物。随着人们对教学过程本质认识的不断深入，人们将研究的重点由教学媒体逐步转移到教学资源的层面上，即由对教学媒体物理特性的研究转移到从学习者出发研究学习资源，以实现包括媒体在内的一切学习资源的使用方法与使用目的的紧密结合。

8. 什么是数字化教学？

数字化教学是指教师和学习者在数字化的教学环境中，遵循现代教育理论和规律，运用数字化的教学资源，以数字化教学模式进行培养适应新世纪需要的具有创新意识和创新能力的复合型人才的教学活动。简单地说，数字化教学就是利用多媒体教室、电脑、网络等现代化多媒体载体进行的教学。数字化校园是以数字化信息和网络为基础，在计算机和网络技术上建立起来的对教学、科研、管理、服务等校园信息的收集、处理、整合、存储、传输和应用，使数字资源得到充分优化利用的一种虚拟教育环境。通过实现从环境（包括设备、教室等）、资源（如图书、讲义、课件等）到应用（包括教、学、管理、服务、办公等）的全部数字化，在传统校园基础上构建一个数字空间，以拓展现实校园的时间和空间维度，提升传统校园的运行效率，扩展传统校园的业务功能，最终实现教育过程的全面信息化，从而达到提高管理水平和效率的目的。

9. 什么是数字化学习？

数字化学习是指在教育领域建立互联网平台，学生通过网络进行学习的一种全新学习模式，又称为网络化学习。以数字化学习为核心的信息技术与课程的整合，不同于传统的学习方式。数字化学习具有三个要素：一是数字化的学习环境，也就是所谓信息技术学习环境。它经过数字化信息处理具有信息显示多媒体化、信息传输网络化、信息处理智能化和教学环境虚拟化的特征。它包括设施、资源、平台、通信和工具。二是数字化学习资源。它是指经过数字化处理，可以在多媒体计算机上或网络环境下运行的多媒体材料。包括数字视频、数字音频、多媒体软件、网站、电子邮件、在线学习管理系统、计算机模拟、在线讨论、数据文件以及数据库等等。数字化学习资源是数字化学习的关键，它可以通过教师开发、学生创作、市场购买以及网络下载等方式获取。数字化学习资源具有切合实际、即时可信；可用于多层次探究；可操纵处理；富有创造性等特点。三是数字化学习方式。利用数字化平台和数字化资源，教师、学生之间开展协商讨论、合作学习，并通过对资源的收集利用、探究知识、发现知识、创造知识以及展示知识的方式进行学习，具有资源利用、自主发现、协商合作和实践创造几种途径。

10. 如何认识“互联网＋”时代的教育变革？

对于中国教育领域，“互联网＋”意味着教育内容的持续更新、教育样式的不断变化、教育评价的日益多元，中国教育正进入一场基于信息技术的更伟大的变革中。“互联网＋课程”，不仅仅产生网络课程，更重要的是它让整个学校课程，从组织结构到基本内容都发生了巨大变化。“互联网＋教学”，形成了网络教学平台、网络教学系统、网络教学资源、网络教学软件、网络教学视频等诸多全新的概念，由此，不但帮助教师树立了先进的教学理念，改变了课堂教学手段，大大提升了教学素养，而且，更令人兴奋的是传统的教学组织形式也发生了革命性的变化。“互联网＋学习”，创造了如今十分红火的移动学习，但它绝对不仅仅是作为简单的即时随地可学习的一种方式而存在的概念，它代表的是学生学习观念与行为方式的转变。“互联网＋评价”，这就是另一个热词“网评”，在教育领域里，网评已经成为现代教育教学管理工作的重要手段。学生通过网络平台，给教师的教育教学打分，教师通过网络途径给教育行政部门及领导打分，而行政机构也通过网络大数据对不同的学校、教师的教育教学活动及时进行相应的评价与监控，确保每个学校、教师都能获得良性发展。换句话说，在“互联网＋”时代，教育领域里的每个人都是评价的主体也是评价的对象，而社会各阶层也将更容易通过网络介入对教育的评价。此外，“互联网＋评价”改变的不仅仅是上述评价的方式，更大的变化还有评价的内容或标准。例如传统教育教学体制下，教师的教育教学水平基本由学生的成绩来体现，而在“互联网＋”时代，教师的信息组织与整合、教师教育教学研究成果的转化、教师积累的经验通过互联网获得共享的程度等等，都将成为教师考评的重要指标。

11.“互联网＋教育”模式的发展方向如何？

近几年来，我国教育现代化程度越来越高，这得益于我国教育在信息化领域取得的巨大成就。在国家“十二五”期间基本完成了全国中小学互联网的接入，基本实现每个学校至少拥有一套多媒体教学设备；基本实现各级各类学习互联网全覆盖，拥有网络教学和学习环境，我国教育信息化程度得到更加全面的提升。2015 年，国务院总理李克强在政府工作报告中首次将“互联网＋”行动计划提升为国家战略。“互联网＋”行动计划将提供以大数据、云计算和人工智能为代表的新一代信息技术，为我国教育信息化建设和教育资源的优化配置方面提供技术支撑，促进教育教学模式创新，推动教育理念变革。当“互联网＋”遇到教育的时候，互联网对教育变革作用也体现得很明显。互联网教育模式的本质就是在师生分离的情况下，借助于互联网信息技术开展新型的教育教学模式。这种新型教学模式是对原有教学结构的创新，实现了“以学生为中心”的教学理念，而教师则成为了整个教学活动的组织者和引导者。

12. 教育出版行业发展趋势如何？

教育出版行业目前有三个发展趋势：第一、从整个的规模上看，中国教育行业成为全球规模最大的教育市场。从发展的速度上看，九年义务教育全面普及，高等教育进入大众化阶段。在过去的二十多年里，我国教育经历了基础教育课程改革，数字教育历年冲击，职业教育快速进步，民营教育机构蓬勃发展，可以预测中国教育行业蓬勃发展趋势，将伴随着全球经济发展，特别是中国经济发展、社会进步的步伐有不可逆转的大发展。第二、教育出版行业将从一个内容产业变成一个服务行业。在传统出版领域，出版社的编辑主要是在现有的资源里选择最优秀的作品提供给读者，提供给学生，这是一种单项的内容生产和供给的过程。随着教育出版的发展和变革，读者对信息化的要求、知识的要求越来越高，单纯的模式已不能满足读者的需要，未来教育出版机构可能会像软件商那样成为教育服务的提供商。第三、在数字化时代，学生最需要的是个性化的学习解决方案，而教师最需要的是适量的内容资源、易于掌握的知识、便于分享的交流平台，这就要求传统的教育出版商具备整合多方面资源的能力，为客户提供个性化定制服务。相信教育出版成功的关键，不仅是硬件系统的先进与普及，更重要的是教育内容的创新和系统化，为受教育者提供比传统教育形式更有价值，更有效的教育服务。

第十部分
行业标准

1.目前我国数字出版标准化的进展情况是怎样的?

近年来,我国数字出版业的蓬勃发展为数字出版标准化提供了坚实的产业基础,各种数字出版的行业标准正在渐次颁布。由于标准化能在实现数字出版行业资源共享之时增进产业效益,因此,无论是政府主管部门还是市场主体都对数字出版标准化表现出了积极的态度。在各方的推动下,数字出版标准化建设取得了很大进展,《数字出版标准体系》的颁布,标志着我国数字出版标准化的整体框架正初步形成。将数字出版标准体系分为数字报纸、电子图书、数字期刊、网络原创文学、数据库出版、手机出版等 11 个分领域。加之全国新闻出版标准化技术委员会已经制定和正在制定的数字出版行业标准和国家标准项目,数字出版标准化体系的基本脉络已大致清晰。

2.目前我国数字出版标准主要有哪些?

从整体上看,目前我国数字出版标准的研制主要集中在以下几个方面:标准体系研制、标识研制、元数据、手机出版标准、电子书标准、数字有声出版物(MPR 出版物)标准、数字版权保护标准以及发行信息流通标准。标准体系方面,包括《数字出版标准体系》《手机出版标准体系》《动漫出版标准体系》《数字版权保护标准体系》《游戏出版标准体系》《数字印刷标准体系》等等。标识研制方面,《新闻出版数字资源唯一标识符 PDRI》《中国标准名称标识 ISNI》《中国标准乐谱出版物号 ISMN》等多项行业标准已经发布,《中国标准录音制品编码》也全面颁布实施了。元数据方面,《出版元数据》在 2013 年发布实施。电子书标准方面,全国新闻出版标准化技术委员会成立了“电子书内容标准项目组”,成员超过 50 余家,包括内容出版商、平台运营商、技术提供商、设备生产商,涉及电子书的内容生产、加工、传播、版权、检测和管理。目前已颁布实施了《电子书内容标准体系表》《电子书内容术语》《电子书内容格式基本要求》《电子图书元数据》《电子图书标识》《电子图书质量基本要求》《电子图书版权记录》《电子图书阅读功能要求》《电子图书质量检测方法》《电子书版权保护通用规范》《电子书内容平台基本要求》《电子书内容平台服务基本功能》以及《电子图书版权信息检测方法》等 13 项行业标准。数字有声出版物方面,《MPR 出版物》系列国家标准已经发布,以此为基础研制的《国际标准关联标识符 ISLI》于 2015 年 5 月由国际标准化组织 ISO/TC46/SC9 正式发布实施。除此之外,随着市场的发展和数字出版新兴领域的不断涌现,一批新的标准项目已经或正在启动。如目前全国新闻出版标准化技术委员会启动了《数字出版内容卫星传输规范》《数字出版统计》等数字出版标准。这些标准将成为标准体系的重要组成部分,并为我国新闻出版业的发展提供重要的技术支撑。

3.什么是数字出版资源的分类标准?

对信息进行分类是实现信息表达、交换、集成以及信息管理的基础。信息分类是一种涉及多学科、多专业的综合性技术。对数字资源的分类可以方便数字资源的检索、查找、统计和管理等。根据不同的目的和用途,对数字资源的分类方法也不尽相同。在制定我国数字出版资源分类行业标准时,要首先确定分类的用途,站在行业的高度上为行业的发展提供支持,确立分类的依据,并在参考现有分类方法的基础上建立我国的数字出版资源分类标准。根据《关于加快我国数字出版产业发展的若干意见》,数字出版产品主要包括电子图书、数字报纸、数字期刊、网络原创文学、网络教育出版物、网络地图、数字音乐、网络动漫、网络游戏、数据库出版物、手机出版物(彩信、彩铃、手机报纸、手机期刊、手机小说、手机游戏)等。全国新闻出版信息技术委员会的公益质检项目《数字出版标准体系研究》,也将数字出版标准体系分为以上11个分领域。除了对数字出版整体进行分类外,我们还需要根据不同的用途和各种纬度对数字出版进行进一步的分类。根据数字资源的不同应用,也有必要制定不同的分类标准。

4.什么是数字出版资源的标识标准?

随着信息技术的发展,人们获取信息资源的方式越来越多样化,如何在数字环境下对数字内容资源方便地进行查找、版权保护和监管已经成为大家普遍关注的话题。用于数字内容资源标识的标准有很多。传统的标识符,如图书编码ISBN、连续出版物号ISSN、录音制品编码ISRC等等,经过修订,目前都可用于数字出版产品或资源的标识。在国际上被英美等发达国家广泛使用的对数字资源进行标识的系统是 DOI 系统，该系统以美国全国研究创新联合会（简称 CNRI）研发的“解析系统”作为支撑技术，用于因特网信息的命名、解析和管理，以实现网络环境下数据的交换和互操作。2006 年 ISO/TC46/SC9 将 DOI 系统作为国际标准制定项目，目前已经发布为 ISO 26324《数字资源唯一标识符》。2010 年我国也启动了《新闻出版数字资源唯一标识符》行业标准。该标准根据国际标准规定了我国新闻出版业数字资源唯一标识符编码结构、编码规则和管理规范。该标准 2012 年发布，标准号为 CY/T 82-2012。

5.什么是数字出版参与方的标识标准？

数字出版内容相关的参与方（如：作者、出版商、音像制作者、发布者等）对数字内容的创作、发布和传播等起着关键性作用。人们在建立内容资源库的同时，也需要建立内容资源参与方和版权人的编码体系，目的是方便大家对内容资源参与方信息的收集、储存、查找和整理。给相关参与方进行编码有利于信息的检索和内容资源的版权保护。在国际上，2006 年 ISO/TC46/SC9 开始制定 ISO27729《国际标准数字出版参与各方标识》（简称 ISPI），目的是在数字环境下为不同参与方的公开身份提供有效的标识途径，以便他们在内容创作、生产、管理和发行产业链上能被准确识别，以及与他们相关的内容能被有效管理。该标准在研制过程中将名称改为《国际标准名称标识》（简称 ISNI）。在我国，2008 年《中国数字出版参与方标识》立项为原新闻出版总署行业标准项目，后根据国际标准名称相应改为《中国标准名称标识》，目前该标准已经发布 CY/T 83-2012。该标准将为我国的数字出版资源的版权保护和版权交易奠定基础。

6.什么是数字出版格式标准？

从整体上看，数字出版格式仍处于纷繁复杂的发展阶段，但也存在一些主导性的格式标准。PDF是国内外应用最广泛的电子文档格式，因能够比较真实地反映源文档的格式、字体、版式和图片等要素，获得众多出版商的认可，成为公认的行业标准。但随着移动终端的兴起，PDF无法自动调整页面宽度以适应不同尺寸屏幕，以及无法方便地实现图文分置等数据解析以适应日益复杂的应用需求等缺点显示了出来。Epub在2011年的国际数字出版论坛上通过表决，成为了最新开放式数字图书格式推荐规范。它支持数字出版物实现跨平台和跨系统的兼容，目前已经成为快速发展的数字出版产业的关键格式标准。与此同时，全国新闻出版标准化技术委员会也组织制定了《面向长期保存的数字出版文挡格式》《数字出版呈现格式》等行业标准，以及《电子书内容格式基本要求》等数字出版格式标准。

7.什么是版权保护标准？

网络技术和数字出版的发展拓展了新闻出版的空间，给出版内容提供者带来了新的经济增长点，但由于在网络环境下数字内容很容易被复制、修改，网络上传播的数字内容存在大量的盗版和侵权问题，新媒体环境对内容资源的保护手段提出了更高的要求，版权保护问题也成为业界越来越关注的问题。业界越来越清楚地认识到网络出版是以技术开发与版权增值为核心的产业，版权保护是其发展的核心问题。这就要求内容提供者、技术提供商、运营商和终端厂商等产业链各环节应相互协作，形成利益共同体，共同推动数字出版的发展。目前，我国在多个领域展开数字版权保护标准，2013年12月经总局批准成立了全国版权标准化技术委员会。先后启动了《数字版权唯一标识符(DCI)》《版权服务基础代码集》《版权服务基础数据元》《版权权利描述元数据》《版权资产管理通用规范——基本规则》《版权资产管理通用规范——软件资产管理》《版权资产管理通用规范——作品版权资产管理》《嵌入式版权服务接口标准》等多项版权保护标准,版权标准体系正逐步形成。新闻出版的重大科技工程——数字版权保护技术研发工程,以研究制定一套数字版权保护标准体系和一系列工程标准与接口规范为主要任务之一,并在工程标准的基础上突破多项数字版权保护关键基础技术和核心应用技术,开发一系列数字版权保护应用系统与技术支撑平台。

8.什么是数字出版平台标准?

近年来数字出版平台不断出现。有各个出版集团搭建出版、分销于一体的出版平台,如三大电信运营商、新华E店、四川文轩九月网、汉王书城、当当期刊网等打造的数字出版物分销平台。但众多平台在研发、运营的过程中,由于缺乏统一技术规范,其服务、接口显现出较大差异,不利于内容信息的传播和交流。同时,由于缺乏统一监管,各平台以及平台与版权所有者之间关于版权的纠纷也不断出现。在这种背景下,建立关于电子书内容平台的准入要求、技术规范迫在眉睫。目前国家已颁布《电子书内容平台基本要求》和《电子书内容平台服务基本功能》等两项行业标准。标准规范了电子书内容平台所需要具备的基本要素和必须具备的基本功能,为建设电子书内容平台提供了依据。

9.什么是新闻出版统计标准?

统计工作是我国新闻出版业的一项重要和长期的工作,担负着为政府决策和行业发展提供重要参考的责任。随着信息技术的发展，新闻出版业出现了崭新的出版媒体和内容形式，如网络出版、手机出版、电子书出版等数字出版媒体，以及动漫出版、语音出版等内容形式。我国新闻出版领域大大拓展，为我们的统计工作提出更高的要求。将新兴领域纳入我国的统计工作中，是新闻出版工作贯彻落实科学发展观的必然要求，也是新闻出版业深化改革、加快发展新形势的必然要求。但我国对新媒体的统计还没有形成统一的标准，制定新闻出版业的统计标准可以为我国政府和行业的统计工作提供技术支撑，有助于我国统计数据与国外和国际同行业的对比。目前我国新闻出版行业正在组织该标准的制定。2013 年总局颁布了《中国图书、报纸、期刊和电子出版物的出版和发行统计》行业标准，同年，全国新闻出版标准化技术委员会提案立项了《数字出版统计》行业标准，目前该标准处于研制阶段。

10.标准编制的原则是什么？

数字出版工作的标准化是各出版单位进行数字出版转型升级工作的基础，是实现数字出版工作模式化、集群化的重大转变，是实现融合发展的必经之路。新闻出版领域行业标准的制定、修订与发布应本着公开透明、科学合理、技术先进、协调配套、切实可行和符合经济社会发展需要的原则进行。

11.ISLI 标准是什么？

ISLI 是国际标准关联标识符的简称，英文全名为 International Standard Link Identifier，由 ISO 第 46 技术委员会的第 9 分技术委员会制定和维护。ISLI 是标识信息与文献领域中实体之间关联的全球通用标识符。

《中国标准关联标识符(ISLI)》国家标准是使用重新起草法修改采用《ISO 17316:2015 信息与文献——国际标准关联标识符(ISLI)》的国家标准。ISLI 国际标准是由我国主导制定的首项信息文献标识符标准领域国际标准，由国际标准化组织(ISO)于 2015 年 5 月 15 日正式发布，同时批准总部设在中国香港的国际信息内容产业协会(ICIA)为 ISLI 国际标准注。ISLI 标准旨在通过对信息文献领域相关实体之间的“关联关系”进行标识，以实现诸如共同呈现等使用目的。ISLI 标准将促进信息文献领域标识符标准体系的完善，从而实现信息内容资源管理的编码化，有效提升新闻出版单位对信息内容资源的管控能力。ISLI 标准的应用将进一步推进新闻出版业的技术创新与应用，催生新的产品形态和服务模式，有利于信息内容资源元数据的沉淀与聚集，促进新闻出版业的数字化转型升级，推动传统出版与新兴出版的融合发展，加速新闻出版与广播影视的融合、加快信息内容产业与信息技术产业的融合，进而推动信息产业、文化产业的繁荣与发展。

12.CNONIX 标准是什么？

Online Information Exchange(在线信息交换)的缩写 ONIX 是一种以元数据描述图书产品信息的数据交换协议。包括 ONIX for Books(图书在线信息交换)、ONIX for Serials(连续出版物在线信息交换)、ONIX for Publications Licenses(出版许可在线信息交换)、Licensing Terms & Rights Information(许可条款和版权信息)等多项协议。该协议是 1999 年由美国出版者协会(AAP)提出并开发的一份产品信息交换协议，旨在让哥哥出版者能以一致的格式发送丰富的产品元数据给零售商，特别是开展网上零售业务的电商。该协议主要解决图书产品信息的在线交换问题。

CNONIX 是 CN Online Information Exchange（中国在线信息交换）的简称，《中国出版物在线信息交换 CNONIX》国家标准由中国国家标准化管理委员会于 2014 年颁布。该标准采用了 ONIX for Books 的元数据描述体系和结构。CNONIX 标准的建立旨在为我国出版产业链上的出版商、发行商、数据集成商等各类机构提供标准的图书信息交换格式，实现产业链上的图书信息的互联互通，既可以通过加速产品信息的流动，促进图书产品的流通效率，又可以通过产品信息一次制作、多方应用的方式，降低行业信息的应用成本，提高行业各机构的信息系统应用效率。

第十一部分 管理服务指南

（一）网络出版服务的申请及管理

1.什么是网络出版服务？

网络出版服务指通过信息网络向公众提供具有编辑、制作、加工等出版特征的数字化作品。其范围主要包括：文学、艺术、科学等领域内具有知识性、思想性的文字、图片、地图、游戏、动漫、音视频读物等原创数字化作品；与已出版的图书、报纸、期刊、音像制品、电子出版物等内容相一致的数字化作品；将上述作品通过选择、编排、汇集等方式形成的网络文献数据库等数字化作品；国家新闻出版广电总局认定的其他类型的数字化作品。我国实行网络出版服务许可制度，从事网络出版服务必须依法经过出版行政主管部门批准，取得《网络出版服务许可证》。

2.申请从事网络出版服务需要具备哪些条件？

按照《网络出版服务管理规定》第九条和第十条规定，图书、音像、电子、报纸、期刊出版单位从事网络出版服务，应当具备下列条件：有确定的从事网络出版业务的网站域名、智能终端应用程序等出版平台；有确定的网络出版服务范围；有从事网络出版服务所需的必要的技术设备，相关服务器和存储设备必须存放在中华人民共和国境内。其他单位从事网络出版服务，除上述所列条件外，还应当具备以下条件：有确定的、不与其他出版单位相重复的，从事网络出版服务主体的名称及章程；有符合国家规定的法定代表人和主要负责人，法定代表人必须是在境内长久居住的具有完全行为能力的中国公民，法定代表人和主要负责人至少1人应当具有中级以上出版专业技术人员职业资格；除法定代表人和主要负责人外，有适应网络出版服务范围需要的8名以上具有国家新闻出版广电总局认可的出版及相关专业技术职业资格的专职编辑出版人员，其中具有中级以上职业资格的人员不得少于3名；有从事网络出版服务所需的内容审校制度；有固定的工作场所；法律、行政法规和国家新闻出版广电总局规定的其他条件。

中外合资经营、中外合作经营和外资经营的单位不得从事网络出版服务。网络出版服务单位与境内中外合资经营、中外合作经营、外资经营企业或境外组织及个人进行网络出版服务业务的项目合作，应当事前报国家新闻出版广电总局审批。

类别	初级	中级	高级(副高)	正高级
出版编审系列	助理编辑	编辑	副编审	编审
出版编辑系列	助理技术编辑	技术编辑		
新闻记者系列	助理记者	记者	主任记者	高级记者
新闻编辑系列	助理编辑	编辑	主任编辑	高级编辑

表11-1 职称对照表

3.从事网络出版服务需提供哪些申报材料？

按照《网络出版服务管理规定》第十二条规定，网络出版服务申报需提供以下材料：《网络出版服务许可证申请表》；单位章程及资本来源性质证明；网络出版服务可行性分析报告，包括资金使用、产品规划、技术条件、设备配备、机构设置、人员配备、市场分析、风险评估、版权保护措施等；法定代表人和主要负责人的简历、住址、身份证明文件；编辑出版等相关专业技术人员的国家认可的职业资格证明和主要从业经历及培训证明；工作场所使用证明；《域名注册证书》复印件；相关服务器存放在中华人民共和国境内的承诺《互联网信息服务增值业务经营许可证》复印件（①已从事互联网信息服务活动的单位须提供《互联网信息服务增值电信业务经营许可证》复印件或 ICP 备案信息；②未从事互联网信息活动的单位须提供 ICP 备案信息）；《网络出版服务单位基本信息登记表》。图书、音像、电子、报纸、期刊出版单位从事网络出版服务的，提交申请单位的法人证明文件复印件（事业单位法人证书/企业法人营业执照/社会团体法人登记证书/机关法人证明文件）；申请单位的出版许可证副本复印件；《网络出版服务许可证申请表》；工作场所使用证明；《域名注册证书》复印件；相关服务器存放在中华人民共和国境内的承诺《互联网信息服务增值业务经营许可证》复印件（①已从事互联网信息服务活动的单位须提供《互联网信息服务增值电信业务经营许可证》复印件或 ICP 备案信息；②未从事互联网信息活动的单位须提供 ICP 备案信息）；《网络出版服务单位基本信息登记表》。

4.网络出版服务单位应建立哪些内部管理规章及制度？

内容审核机制建设情况，包括选题策划论证制度、内容三审责任制度、责任编辑制度、责任校对制度等内部规章制度等；信息安全保障制度建设情况，保障网站信息安全特别是出版内容安全的制度；风险防控机制建设情况，是有效防范和控制由于出版不当内容可能带来的风险和及时处理并有效控制其传播的措施、方法等。

5.网络出版选题策划及选题管理包括哪些内容？

选题策划根据《出版管理条例》和《网络出版服务管理规定》等法律法规的有关规定，明确网络出版定位、提高工作效率、规范工作秩序，网络出版选题策划及选题管理工作主要包括以下几方面内容：一是选题策划的指导思想和基本原则。坚持以马克思列宁主义、毛泽东思想、邓小平理论、“三个代表”重要思想、科学发展观、习近平新时代中国特色社会主义思想为指导，以国家有关出版的法律、法规为准绳，坚持“为人民服务、为社会主义服务、为科研服务”的出版方向，传播和积累有益于提高民族素质、有益于经济发展和社会进步的科学技术和文化知识，弘扬民族优秀文化，促进国际文化交流，丰富和提高人民的精神生活。坚持社会效益第一，力求社会效益与经济效益的最佳结合。加强管理，优化结构，提高质量。抓住机遇，整合资源，扩大规模，在发展中创建品牌。二是选题策划的主要方向和工作方针。以反映新兴科学技术和时代特征的数字出版物为主，逐步实现系列化、配套化、立体化、优质化及多层次化的出版格局。坚持“巩固、拓展、精品、高效、服务”的十字工作方针。三是数字出版物选题的结构。选题的开发与建设是出版活动的先导工作，是出版基础的工作之一，数字时代的选题策划凸显了全方位、立体化的特点，主要包括内容策划、营销策划、服务策划几个层面。而选题结构更是体现数字出版发展方向、品牌特色的标志。

为了高效、有序地执行数字出版计划，应当强化编辑部的管理职能，修订、完善有关的规章制度，加强对选题实施的监督与管理。

6.网站运行安全保障措施有哪些？

主要措施有：一是网站服务器和其他计算机之间设置经公安部认证的防火墙，并与专业网络安全公司合作，做好安全策略拒绝外来的恶意攻击，保障网站正常运行。二是在网站的服务器及工作站上均安装了正版的防病毒软件，对计算机病毒、有害电子邮件有整套的防范措施，防止有害信息对网站系统的干扰和破坏。三是做好生产日志的留存。网站具有保存60天以上的系统运行日志和用户使用日志记录功能，内容包括IP地址及使用情况，主页维护者、邮箱使用者和对应的IP地址情况等。四是交互式栏目具备有IP地址、身份登记和识别确认功能，对没有合法手续和不具备条件的电子公告服务立即关闭。五是网站信息服务系统建立双机热备份机制，一旦主系统遇到故障或受到攻击导致不能正常运行，保证备用系统能及时替换主系统提供服务。六是关闭网站系统中暂不使用的服务功能及相关端口，并及时用补丁修复系统漏洞，定期查杀病毒。七是服务器平时处于锁定状态，并保管好登录密码；后台管理界面设置超级用户名及密码，并绑定IP以防他人登入。八是网站提供集中式权限管理，针对不同的应用系统、终端、操作人员，由网站系统管理员设置共享数据库信息的访问权限，并设置相应的密码及口令。不同的操作人员设定不同的用户名，且定期更换，严禁操作人员泄漏自己的口令。对操作人员的权限严格按照岗位职责设定，并由网站系统管理员定期检查操作人员权限。九是公司机房是电信机房，内有必备的独立 UPS 不间断电源、高灵敏度的烟雾探测系统和消防系统，定期进行电力、防火、防潮、防磁和防鼠检查。

7.网站风险防控机制建设应注意哪几个方面？

一是确保网络与信息安全保密责任的落实。应严格按照"谁主管、谁负责""谁主办、谁负责"的原则，落实责任制，明确责任人和职责，细化工作措施和流程，建立完善管理制度和实施办法，确保使用网络和提供信息服务的安全。二是网站信息内容更新全部由网站工作人员完成，工作人员素质高、专业水平好、有强烈的责任心和责任感。网站所有信息发布之前都经分管领导审核批准。工作人员采集信息将严格遵守国家的有关法律、法规和相关规定。严禁通过公司接入网络及平台散布《互联网信息管理办法》等相关法律法规明令禁止的信息（即"九不准"），一经发现，立即删除。三是遵守对网站服务信息监视，保存、清除和备份的制度。开展对网络有害信息的清理整治工作，对违法犯罪案件，报告并协助公安机关查处。四是所有信息都及时备份。按照国家有关规定，网站将保存 60 天内系统运行日志和用户使用日志记录。五是制定并遵守安全教育和培训制度。加大宣传教育力度，增强用户网络安全意识，自觉遵守互联网管理有关法律、法规，不泄密、不制作和传播有害信息，不链接有害信息或网页。

8.从事网络出版服务应遵守哪些原则？

应当遵守宪法和有关法律、法规，坚持为人民服务、为社会主义服务的方向，坚持社会主义先进文化的前进方向，弘扬社会主义核心价值观，传播和积累一切有益于提高民族素质、推动经济发展、促进社会进步的思想道德、科学技术和文化知识，满足人民群众日益增长的精神文化需要。网络出版服务单位应当按照批准的业务范围从事网络出版服务，不得超出批准的业务范围从事网络出版服务。网络出版服务单位不得转借、出租、出卖《网络出版服务许可证》或以任何形式转让网络出版服务许可。网络出版服务单位实行编辑责任制度，保障网络出版物内容合法。网络出版服务单位实行出版物内容审核责任制度、责任编辑制度、责任校对制度等管理制度，保障网络出版物出版质量。在网络上出版其他出版单位已在境内合法出版的作品且不改变原出版物内容的，须在网络出版物的相应页面显著标明原出版单位名称以及书号、刊号、网络出版物号或者网址信息。网络出版服务单位出版涉及国家安全、社会安定等方面重大选题的内容，应当按照国家新闻出版广电总局有关重大选题备案管理的规定办理备案手续。未经备案的重大选题内容，不得出版。网络出版服务单位应当按照国家有关规定或技术标准，配备必要的设备和系统，建立健全各项管理制度，保障信息安全、内容合法，并为出版行政主管部门依法履行监督管理职责提供技术支持。网络出版服务单位在网络上提供境外出版物，应当取得著作权合法授权。其中，出版境外著作权人授权的网络游戏，须在出版前向所在地省、自治区、直辖市出版行政主管部门提出申请，经审核同意后，报国家新闻出版广电总局审批。

9.国家鼓励从事哪些方面的网络出版服务？

国家鼓励宣传科学真理、传播先进文化、倡导科学精神、塑造美好心灵、弘扬社会正气等有助于形成先进网络文化的网络出版服务，推动健康文化、优秀文化产品的数字化、网络化传播。国家还支持、鼓励下列优秀的、重点的网络出版物的出版：对阐述、传播宪法确定的基本原则有重大作用的；对弘扬社会主义核心价值观，进行爱国主义、集体主义、社会主义和民族团结教育以及弘扬社会公德、职业道德、家庭美德、个人品德有重要意义的；对弘扬民族优秀文化，促进国际文化交流有重大作用的；具有自主知识产权和优秀文化内涵的；对推进文化创新，及时反映国内外新的科学文化成果有重大贡献的；对促进公共文化服务有重大作用的；专门以未成年人为对象、内容健康的或者其他有利于未成年人健康成长的；其他具有重要思想价值、科学价值或者文化艺术价值的。

10.申请从事网络出版服务的程序是怎样的？

按照《网络出版服务管理规定》第二章第十二条规定，申请从事网络出版服务，应当首先向所在地省、自治区、直辖市出版行政主管部门提出申请，经审核同意后，报国家新闻出版广电总局审批。国家新闻出版广电总局应当自受理申请之日起 60 日内，做出批准或者不予批准的决定。不批准的，应当说明理由。申请者自收到批准决定之日起 30 日内办理如下注册登记手续：持批准文件到所在地省、自治区、直辖市出版行政主管部门领取并填写《网络出版服务许可登记表》；省、自治区、直辖市出版行政主管部门对《网络出版服务许可登记表》审核无误后，在 10 日内向申请者发放《网络出版服务许可证》；《网络出版服务许可登记表》一式三份，由申请者和省、自治区、直辖市出版行政主管部门各存一份，另一份由省、自治区、直辖市出版行政主管部门在 15 日内报送国家新闻出版广电总局备案。网络出版服务经批准后，申请者应持批准文件、《网络出版服务许可证》到所在地省、自治区、直辖市电信主管部门办理相关手续。

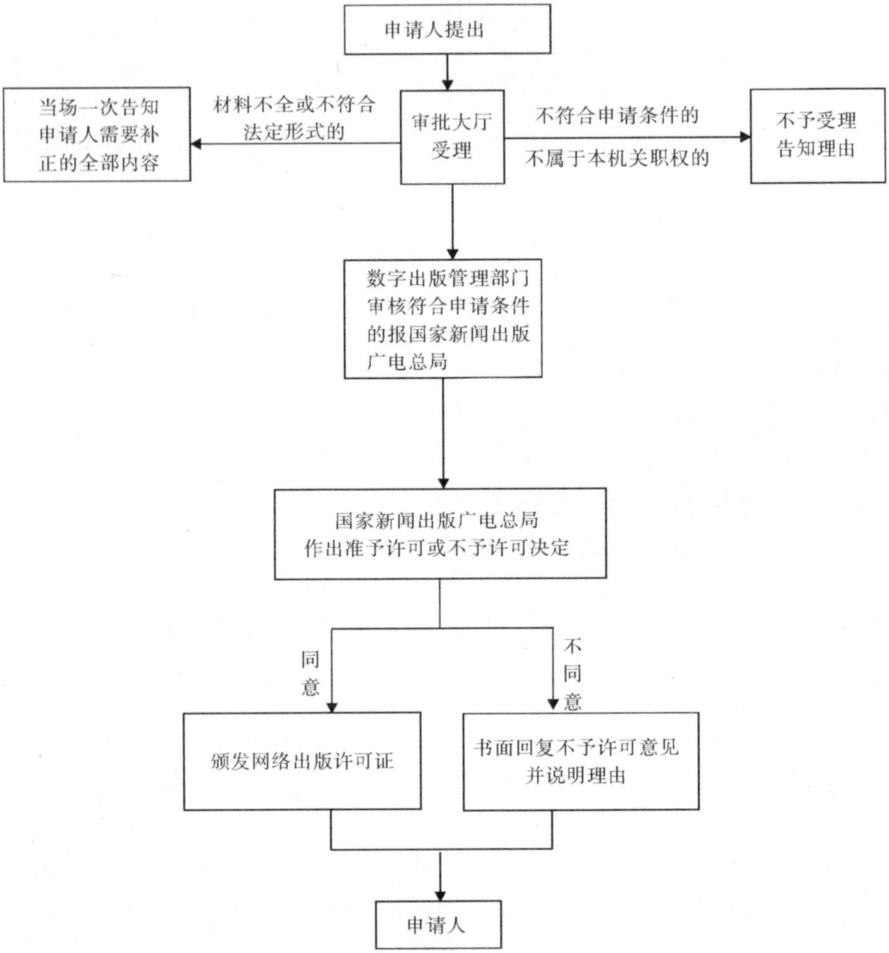

图 11-1 网络出版服务许可证核发(流程图)

<table>
<tr><td>审批类型</td><td>行政审核</td><td>权力来源</td><td>法定本级行使</td></tr>
<tr><td>实施机关</td><td>省级新闻出版单位</td><td>责任处室</td><td>数字出版管理部门</td></tr>
<tr><td>法定期限</td><td>20个工作日</td><td>承诺时限</td><td>20个工作日</td></tr>
<tr><td>咨询电话</td><td>×××××××××</td><td>监督电话</td><td>×××××××××</td></tr>
<tr><td>申请人需提供材料</td><td colspan="3">1. 主办单位请示文件。
2.(a)《网络出版服务许可证申请表》;
(b)单位章程及资本来源性质证明;
(c)网络出版服务可行性分析报告,包括资金使用、产品规划、技术条件、设备配备、机构设置、人员配备、市场分析、风险评估、版权保护措施等;
(d)法定代表人和主要负责人的简历、住址、身份证明文件;
(e)编辑出版等相关专业技术人员的国家认可的职业资格证明和主要从业经历及培训证明;
(f)工作场所使用证明;
(g)网站域名注册证明、相关服务器存放在中华人民共和国境内的承诺。
图书、音像、电子、报纸、期刊出版单位从事网络出版服务的,仅提交(a)、(f)、(g)项规定的材料。</td></tr>
<tr><td>是否收费</td><td colspan="3">否</td></tr>
<tr><td>备　注</td><td colspan="3"></td></tr>
</table>

表 11-2 网络出版服务许可证核发办事指南

11.网络出版服务许可如何进行标示？

网络出版服务单位应当在其网站首页上标明出版行政主管部门核发的《网络出版服务许可证》编号。如：在网站首页最下方标明网络出版服务许可证号：新出网证(×××)字 ×××号。

12.网络出版服务单位需要变更《网络出版服务许可证》许可登记事项、资本结构，合并或者分立，设立分支机构，其程序是怎样的？

按照《网络出版服务管理规定》第二章第十六条规定，网络出版服务单位变更《网络出版服务许可证》许可登记事项、资本结构，合并或者分立，设立分支机构的，应向所在地省、自治区、直辖市出版行政主管部门提出申请，经审核同意后，报国家新闻出版广电总局审批。并且申请单位须持批准文件到所在地省、自治区、直辖市电信主管部门办理相关手续。

审批类型	行政许可		
审核部门	省级新闻出版单位	行使层级	省级新闻出版单位
设立依据	网络出版服务单位变更《网络出版服务许可证》许可登记事项、资本结构，合并或者分立，设立分支机构的，应依据《网络出版服务管理规定》第十一条办理审批手续，并应持批准文件到所在地省、自治区、直辖市电信主管部门办理相关手续。 网络出版服务单位中止网络出版服务的，应当向所在地省、自治区、直辖市出版行政主管部门备案，并说明理由和期限；网络出版服务单位中止网络出版服务不得超过180日。 网络出版服务单位终止网络出版服务的，应当自终止网络出版服务之日起30日内，向所在地省、自治区、直辖市出版行政主管部门办理注销手续后到省、自治区、直辖市电信主管部门办理相关手续。省、自治区、直辖市出版行政主管部门将相关信息报国家新闻出版广电总局备案。 网络出版服务单位自登记之日起满180日未开展网络出版服务的，由原登记的出版行政主管部门注销登记，并报国家新闻出版广电总局备案。同时，通报相关省、自治区、直辖市电信主管部门。 因不可抗力或者其他正当理由发生上述所列情形的，网络出版服务单位可以向原登记的出版行政主管部门申请延期。		
备　注			

表11-3 网络出版服务单位变更登记事项、资本结构，合并或者分立，设立分支机构或者其以外登记事项和网络出版服务单位注销登记(基本信息)

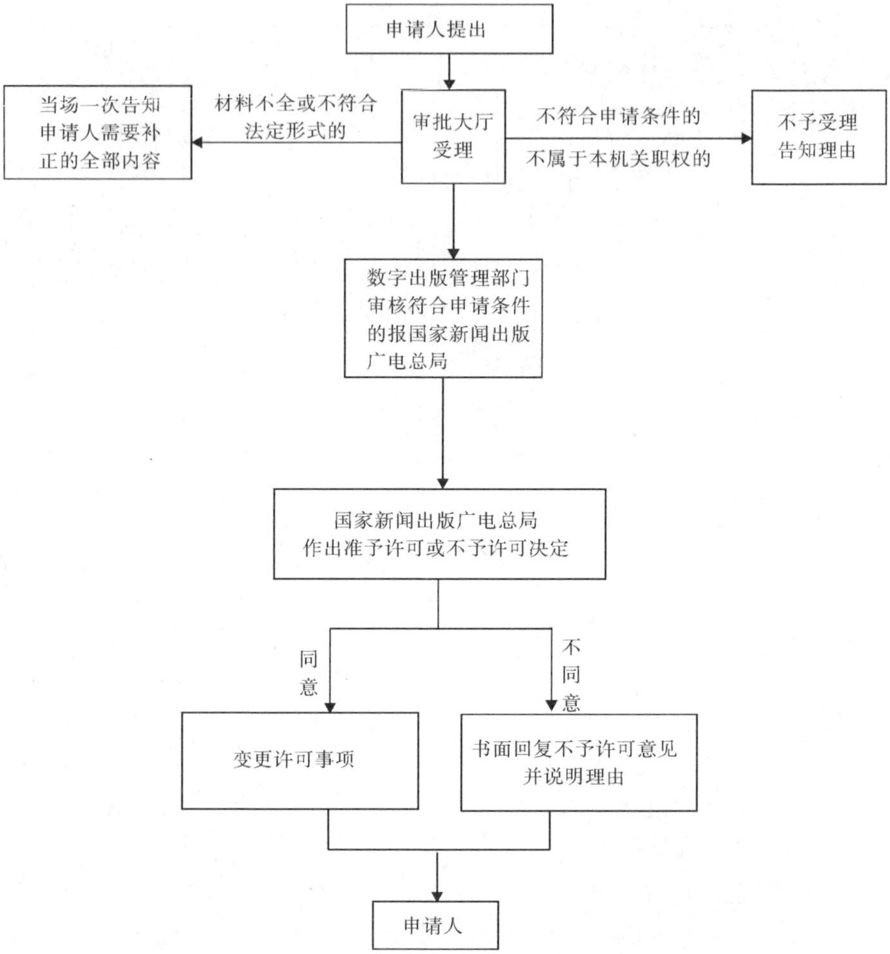

图 11-2 网络出版服务单位变更登记事项、资本结构，合并或者分立，设立分支机构或者其以外登记事项和网络出版服务单位注销登记(流程图)

13.网络出版服务单位需中止/终止网络出版服务，应该办理哪些手续？

按照《网络出版服务管理规定》第二章第十七条规定，网络出版服务单位中止网络出版服务的，应当向所在地省、自治区、直辖市出版行政主管部门备案，并说明理由和期限，中止时间不得超过180日。网络出版服务单位终止网络出版服务的，应当自终止网络出版服务之日起30日内，向所在地省、自治区、直辖市出版行政主管部门办理注销手续，然后到省、自治区、直辖市电信主管部门办理相关手续。省、自治区、直辖市出版行政主管部门将相关信息报国家新闻出版广电总局备案。

审批类型	行政审核	权力来源	法定本级行使
实施机关	省级新闻出版单位	责任处室	数字出版管理部门
法定期限	20个工作日	承诺时限	20个工作日
咨询电话	××××××××	监督电话	××××××××
申请人需提供材料	1. 主办单位请示文件； 2. 有关申请材料。		
是否收费	否		
备　注			

表11-4 网络出版服务单位变更登记事项、资本结构，合并或者分立，设立分支机构或者其以外登记事项和网络出版服务单位注销登记(办事指南)

14.网络出版服务单位何时可开展网络出版服务？

按照《网络出版服务管理规定》第二章第十八条规定，网络出版服务单位自登记之日起可开展网络出版服务，且在180日内必须开展网络出版服务。满180日未开展网络出版服务的，由原登记的出版行政主管部门注销登记，并报国家新闻出版广电总局备案。同时，通报相关省、自治区、直辖市电信主管部门。因不可抗力或者其他正当理由发生上述所列情形的，网络出版服务单位可以向原登记的出版行政主管部门申请延期。

15.未经批准，擅自从事网络出版服务，或者擅自上网出版网络游戏，将受到怎样的处罚？

按照《网络出版服务管理规定》第二章第五十一条规定，未经批准，擅自从事网络出版服务，或者擅自上网出版网络游戏（含境外著作权人授权的网络游戏），由出版行政主管部门、工商行政管理部门依照法定职权予以取缔，并由所在地省级电信主管部门依据有关部门的通知，按照《互联网信息服务管理办法》第十九条的规定给予责令关闭网站等处罚；已经触犯刑法的，依法追究刑事责任；尚不够刑事处罚的，删除全部相关网络出版物，没收违法所得和从事违法出版活动的主要设备、专用工具，违法经营额1万元以上的，并处违法经营额5倍以上10倍以下的罚款；违法经营额不足1万元的，可以处5万元以下的罚款；侵犯他人合法权益的，依法承担民事责任。

16.什么是网络出版服务单位年检？

为全面掌握网络出版服务单位的基本情况，依法加强网络出版管理，根据《出版管理条例》和《网络出版服务管理规定》的规定，新闻出版行政主管部门在每年年底下发《关于开展××××年度网络出版服务单位年检登记工作的通知》，各网络出版服务单位根据《通知》要求，按时提供年检材料，接受各省、自治区、直辖市出版行政主管部门核验，各省、自治区、直辖市出版行政主管部门核验后将有关情况报国家新闻出版广电总局备案。

17.网络出版服务单位年检的程序是怎样的?

年检程序主要有四步:一是单位自查。内容包括:本年度政策法律执行情况,奖惩情况,网站出版、管理、运营绩效情况,网络出版物目录,对年度核验期内的违法违规行为的整改情况,编辑出版人员培训管理情况等进行全面自查;并填写由国家新闻出版广电总局统一印制的《网络出版服务年度核验登记表》,形成年度自检报告。年检材料经主管主办单位审核盖章确认后,报所在地省、自治区、直辖市出版行政主管部门。二是专家审查。各省、自治区、直辖市出版行政主管部门组织审读专家对各网络出版服务单位报送的年检材料进行集中审读和评测。三是集中审核。各省、自治区、直辖市出版行政主管部门对网络出版服务单位报送的年检材料进行集中审核,并根据审读和评测情况,综合评定各单位年检结果。四是年检总结。各省、自治区、直辖市出版行政主管部门根据年检情况,召开年检情况通报会,总结年检工作的相关问题,并办理年检登记及换证手续。

18.网络出版服务单位年检需要提交哪些材料?

年检需要提供以下材料:各单位年度自检报告;《网络出版服务年度核验登记表》;取得的主要成绩,经营状况;相关法律法规执行情况;所获奖励和接受处罚情况;存在的问题及改进措施;本单位出版资质许可登记记录是否存在相应变更情况;下一年工作计划;《网络出版服务许可证》(副本)。

19.网络出版服务单位年检通过或未予通过如何处理?

根据年检审读结果,有如下几种处理意见:一是准予登记。对符合年度核验要求的网络出版服务单位予以登记,并在其《网络出版服务许可证》上加盖年度核验章。二是暂缓年度核验。

暂缓年度核验的情形有:正在停业整顿的违反出版法规规章,应予处罚的;未按要求执行出版行政主管部门相关管理规定的;内部管理混乱,无正当理由未开展实质性网络出版服务活动的;存在侵犯著作权等其他违法嫌疑需要进一步核查的。暂缓年度核验的期限由省、自治区、直辖市出版行政主管部门确定,报国家新闻出版广电总局备案,最长不得超过 180 日。暂缓年度核验期间,须停止网络出版服务。暂缓核验期满,按本规定重新办理年度核验手续。三是注销登记。网络出版服务单位已经不具备《网络出版服务管理规定》第八条、第九条规定条件的,责令限期改正;逾期仍未改正的,不予通过年度核验,由国家新闻出版广电总局撤销《网络出版服务许可证》,所在地省、自治区、直辖市出版行政主管部门注销登记,并通知当地电信主管部门依法处理。

20.到期网络出版服务许可证如何更换?

《网络出版服务许可证》有效期为 5 年。有效期届满,需继续从事网络出版服务活动的,应于有效期届满 60 日前,持《网络出版服务许可证》(正副本)向所在省、自治区、直辖市新闻出版行政主管部门提出申请,由出版行政主管部门负责更换许可证的相关事宜。

21.网络出版服务许可证遗失、损坏后如何处理?

若《网络出版服务许可证》遗失,应及时在媒体上登载有关遗失信息,并报所在省、自治区、直辖市新闻出版行政管理部门备案,20 日后向所在地省、自治区、直辖市新闻出版行政主管部门正式申请补办;若《网络出版服务许可证》损坏,持损坏的原许可证正副本向所在地省、自治区、直辖市出版行政主管部门提出更换许可证申请。

22.网络出版服务单位年检与通信管理年检是怎样的关系?

网络出版服务单位年检是新闻出版行政主管部门对依法设立的网络出版服务单位进行管理的重要手段,实行一年一检制,在每年的第一季度进行。《网络出版服务许可证》的有效期是5年。通信管理年检是工信部组织的,对所有的互联网企业进行网站年检,也就是我们所熟知的ICP经营许可证年检。根据国家相关规定,《ICP经营许可证》的有效期是5年,在有效期内实行一年一检制,每年的年检都在原颁证单位,ICP的年检时间在每年的第一季度,若是连续两年错过了年检或年检不合格的,将被吊销《ICP经营许可证》,且3年内不得再从事相关业务。

(二)国产网络游戏出版申请及管理

1.什么是网络游戏?

网络游戏是指由软件程序和信息数据构成,通过互联网、移动通信网等信息网络提供的游戏产品和服务。包括但不限于:大型角色扮演类网络游戏(MMORPG)、网页游戏(WebGame)、休闲游戏、单机游戏的网上下载、具有联网功能的游戏、联网的对战游戏平台、手机网络游戏。

2.什么是网络游戏上网运营?

网络游戏上网运营是指通过信息网络,使用用户系统或者收费系统向公众提供游戏产品和服务的经营行为。网络游戏上网出版前,必须向所在地省、自治区、直辖市出版行政主管部门提出申请,经审核同意后,报国家新闻出版广电总局审批。网络游戏经国家新闻出版广电总局审批后方可上网运营，未经审批的网络游戏不得上网运营。

3.什么是网络游戏虚拟货币？

网络游戏虚拟货币是指由网络游戏经营单位发行，网络游戏用户使用法定货币按一定比例直接或者间接购买，存在于游戏程序之外，以电磁记录方式存储于服务器内，并以特定数字单位表现的虚拟兑换工具。

4.国产网络游戏出版申请需要哪些条件？需要提交哪些材料？

经国家新闻出版广电总局批准设立的网络游戏出版单位和电子出版社，均可办理网络游戏出版申请。申请国产网络游戏出版需提交的材料有：省新闻出版广电局审核同意文件；申报单位审读意见；著作权登记证书及著作权人企业法人营业执照；运营方 ICP 证及企业法人营业执照；游戏内容介绍与彩色打印图片；游戏中文脚本全文；游戏屏蔽字库；防沉迷系统情况介绍及身份证验证中心出具的防沉迷系统证明材料；游戏“管理人员”账号 3 个，防沉迷系统测试账号 3 个（均分高、中、低等级）；网页游戏请提供游戏测试网址，客户端游戏提交客户端光盘 2 张，移动端游戏提交测试设备 2 部（其中至少有 1 部是带有一定余额 SIM 卡的手机）；所有申报文字材料的电子文档光盘 2 张，游戏演示视频光盘 2 张。

5. 出版境外著作权人授权的互联网游戏作品需提供哪些申报材料？

申请出版境外著作权人授权的互联网游戏作品应提交以下

材料：省、自治区、直辖市新闻出版广电局审核同意文件；《出版境外著作权人授权互联网游戏作品申请书》（包含出版机构情况、引进游戏出版物情况、运营机构情况等内容）；国家版权局著作权合同登记批复（复印件）；运营机构企业法人营业执照及ICP证（复印件）；出版机构的审读报告；游戏作品内容介绍（包含游戏背景、人物角色、游戏NPC、主要情节、场景、系统功能、游戏商城等内容）；游戏防沉迷系统功能设置说明；用于内容审查的“管理人员”账号3套（分高、中、低等级）及游戏防沉迷系统测试账号3个；游戏出版物中文脚本全文及游戏屏蔽词库（电子文档）；客户端游戏需提交客户端光盘3张，网页游戏需提供游戏登录网址，移动游戏需提交下载网址或安装程序光盘3张或已安装游戏的专用审查设备3部；包含除省、自治区、直辖市新闻出版广电局审核同意文件以外所有书面材料的电子扫描件或电子文档光盘3张。

6.出版境外著作权人授权的电子游戏出版物需提供哪些申报材料？

出版境外著作权人授权电子游戏出版物应提交以下材料：省、自治区、直辖市新闻出版广电局审核同意文件；《出版境外著作权人授权电子游戏出版物申请书》（包含申请报告、详细内容介绍、审读报告等内容）；国家版权局著作权合同登记批复（复印件）；出版合同及游戏代理机构营业执照（复印件）；发行合同及发行单位发行许可证（复印件）；电子游戏出版物关卡介绍或过关攻略；电子游戏出版物主要人物和主要场景的彩色图片（电子文档）；电子游戏出版物中文脚本全文（电子文档）；电子游戏出版物样盘2张；包含除省、自治区、直辖市新闻出版广电局审核同意文件外所有书面材料的电子扫描件或电子文档光盘2张。

7.国产网络游戏出版申请的程序及时限是怎样的?

从事国产网络游戏出版的单位应当向所在省、自治区、直辖市新闻出版行政主管部门提出申请。各省、自治区、直辖市新闻出版行政主管部门自收到申请之日起20日内做出审核意见,并报国家新闻出版广电总局审批。国家新闻出版广电总局自收到申请材料后在60个工作日内做出批准或不批准的决定。不批准的,应当书面通知申请人并说明理由。

8.国产网络游戏进行著作权登记需提交哪些材料?

国产网络游戏软件著作权登记需提交以下材料:申请者身份证明(单位为营业执照副本或法人证书副本,个人为身份证或护照,非法人单位为相关证明。均为复印件一份;单位身份证明加盖公章)、作品著作权登记申请表一份(需通过"数字版权云端服务平台"打印并签字盖章)、权利保证书一份、作品样本(如提交纸介质,则为复印件两份;如提交电子介质,则为刻录光盘一份)、其他相关材料。

第十二部分 行业法律法规

（一）网络服务的相关规定

1.网络出版服务的主管部门有哪些？

国家新闻出版广电总局作为网络出版服务的行业主管部门，负责全国网络出版服务的前置审批和监督管理工作。工业和信息化部作为互联网行业主管部门，依据职责对全国网络出版服务实施相应的监督管理。地方人民政府各级出版行政主管部门和各省级电信主管部门依据各自职责对本行政区域内网络出版服务及接入服务实施相应的监督管理工作并做好配合工作。

2.图书、报刊、电子音像等传统出版单位从事网络出版服务应具备哪些条件？

要有确定的从事网络出版业务的网站域名、智能终端应用程序等出版平台；要有确定的网络出版服务范围；要有从事网络出版服务所需的必要的技术设备，相关服务器和存储设备必须存放在中华人民共和国境内。

3.非传统出版单位从事网络出版服务应具备哪些条件？

除要具备传统出版从事网络出版服务的条件外，还要有确定的、不与其他出版单位相重复的，从事网络出版服务主体的名称及章程；要有符合国家规定的法定代表人和主要负责人，法定代表人必须是在境内长久居住的具有完全行为能力的中国公民，法定代表人和主要负责人至少1人应当具有中级以上出版专业技术人员职业资格；除法定代表人和主要负责人外，有适应网络出版服务范围需要的8名以上具有国家新闻出版广电总局认可的出版及相关专业技术职业资格的专职编辑出版人员，其中具有中级以上职业资格的人员不得少于3名；要有从事网络出版服务所需的内容审校制度；要有固定的工作场所；以及法律、行政法规和国家新闻出版广电总局规定的其他条件。

4.外资、合资、合营单位能否从事网络出版服务？

中外合资经营、中外合作经营和外资经营的单位不得从事网络出版服务。网络出版服务单位与境内中外合资经营、中外合作经营、外资经营企业或境外组织及个人进行网络出版服务业务的项目合作，应当事前报国家新闻出版广电总局审批。

5.网络出版服务管理工作应当建立哪些制度？

网络出版服务单位实行编辑责任制度，保障网络出版物内容合法，应配套建立出版物内容审核责任制度、责任编辑制度、责任校对制度等管理制度，保障网络出版物出版质量。同时，网络出版服务单位应当按照国家有关规定或技术标准，配备应用必要的设备和系统，建立健全各项安全管理制度，保障信息传播安全。

6.网络出版服务从业人员应当遵循哪些规定？

从事网络出版服务的编辑出版等相关专业技术人员及其负责人应当符合国家关于编辑出版等相关专业技术人员职业资格管理的有关规定。网络出版服务单位的法定代表人或主要负责人应按照有关规定参加出版行政主管部门组织的岗位培训，并取得国家新闻出版广电总局统一印制的《岗位培训合格证书》。未按规定参加岗位培训或培训后未取得《岗位培训合格证书》的，不得继续担任法定代表人或主要负责人。

7.网络出版物不得含有哪些内容？

不得含有以下内容：反对宪法确定的基本原则的；危害国家统一、主权和领土完整的；泄露国家秘密、危害国家安全或者损害国家荣誉和利益的；煽动民族仇恨、民族歧视，破坏民族团结，或者侵害民族风俗、习惯的；宣扬邪教、迷信的；散布谣言，扰乱社会秩序，破坏社会稳定的；宣扬淫秽、色情、赌博、暴力或者教唆犯罪的；侮辱或者诽谤他人，侵害他人合法权益的；危害社会公德或者民族优秀文化传统的；以及有法律、行政法规和国家规定禁止的其他内容的。同时，为保护未成年人合法权益，网络出版物不得含有诱发未成年人模仿违反社会公德和违法犯罪行为的内容，不得含有恐怖、残酷等妨害未成年人身心健康的内容，不得含有披露未成年人个人隐私的内容。

8.出版含有违禁内容的网络出版物将受到哪些处罚？

出版、传播含有禁止内容的网络出版物的，根据《出版管理条例》第六十二条、《互联网信息服务管理办法》第二十条的规定，由出版行政主管部门责令删除相关内容并限期改正，没收违法所得，违法经营额1万元以上的，并处违法经营额5倍以上10倍以下罚款；违法经营额不足1万元的，可以处5万元以下罚款；情节严重的，责令限期停业整顿或者由国家新闻出版广电总局吊销《网络出版服务许可证》，由电信主管部门依据出版行政主管部门的通知吊销其电信业务经营许可或者责令关闭网站；构成犯罪的，依法追究刑事责任。同时责令提供人工干预搜索排名、广告、推广等相关服务的单位，停止为该网络出版服务单位提供相关服务。

（二）互联网信息服务的相关规定

1.什么是互联网信息服务？

互联网信息服务，是指通过互联网向上网用户提供信息的服务活动。分为经营性和非经营性两类。经营性互联网信息服务指通过互联网向上网用户有偿提供信息或者网页制作等服务活动。非经营性互联网信息服务指通过互联网向上网用户无偿提供具有公开性、共享性信息的服务活动。经营性互联网信息服务实行许可制度，非经营性互联网信息服务实行备案制度。

2.从事哪些互联网信息服务在申请经营许可或者履行备案手续前应依法经相关主管部门审核同意？

从事新闻、出版、教育、医疗保健、药品和医疗器械等互联网信息服务，在申请经营许可或者履行备案手续前，应当依法经有关主管部门审核同意。

3.从事经营性互联网信息服务应具备哪些条件？履行哪些行政审批？

从事经营性互联网信息服务，除应当符合《中华人民共和国电信条例》规定的要求外，还应当具备下列条件：有业务发展计划及相关技术方案；有健全的网络与信息安全保障措施，包括网站安全保障措施、信息安全保障措施、信息安全保密管理制度、用户信息安全管理制度；服务项目属于新闻、出版、教育、医疗保健、药品和医疗器械等范围的，已取得有关主管部门同意的文件。

从事经营性互联网信息服务，应当向省、自治区、直辖市电信管理机构或者国务院信息产业主管部门申请办理互联网信息服务增值业务经营许可证。省、自治区、直辖市电信管理机构或者国务院信息产业主管部门应当自收到申请之日起60日内审查完毕，做出批准或者不予批准的决定。予以批准的，颁发经营许可证；不予批准的，应当书面通知申请人并说明理由。申请人取得经营许可证后，应当持经营许可证向企业登记机关办理登记手续。

4.从事非经营性互联网信息服务，办理备案手续时应提交哪些材料？

从事非经营性互联网信息服务，在向省、自治区、直辖市电信管理机构或者国务院信息产业主管部门办理备案手续时，应当提交以下材料：主办单位和网络负责人的基本情况；网站网址和服务项目；服务项目属于新闻、出版、教育、医疗保健、药品和医疗器械等范围的，需取得有关部门同意的文件。

5.什么是互联网新闻信息服务?

新闻信息,是指时政类新闻信息,包括有关政治、经济、军事、外交等社会公共事务的报道、评论,以及有关社会突发事件的报道、评论。互联网新闻信息服务,包括互联网新闻信息采编发布服务、转载服务、传播平台服务。

6.申请互联网新闻信息服务许可应当具备哪些条件?

答:申请互联网新闻信息服务许可应具备下列条件:在中华人民共和国境内依法设立的法人;主要负责人、总编辑是中国公民;有与服务相适应的专职新闻编辑人员、内容审核人员和技术保障人员;有健全的互联网新闻信息服务管理制度;有健全的信息安全管理制度和安全可控的技术保障措施;有与服务相适应的场所、设施和资金。申请互联网新闻信息采编发布服务许可的,应当是新闻单位(含其控股的单位)或新闻宣传部门主管的单位。

7.申请互联网新闻信息服务许可应提交哪些材料?

答:申请互联网新闻信息服务许可应当提交下列材料:主要负责人、总编辑为中国公民的证明;专职新闻编辑人员、内容审核人员和技术保障人员的资质情况;互联网新闻信息服务管理制度;信息安全管理制度和技术保障措施;互联网新闻信息服务安全评估报告;法人资格、场所、资金和股权结构等证明;法律法规规定的其他材料。

8.互联网新闻信息服务提供者转载新闻信息时应注意哪些方面?

答:互联网新闻信息服务提供者转载新闻信息,应当转载中央新闻单位或省、自治区、直辖市直属新闻单位等国家规定范围内的单位发布的新闻信息，注明新闻信息来源、原作者、原标题、编辑真实姓名等，不得歪曲、篡改标题原意和新闻信息内容，并保证新闻信息来源可追溯。

9.互联网新闻信息服务单位不得登载、发送或者提供哪些新闻信息或者时政类电子公告？

互联网新闻信息服务单位登载、发送的新闻信息或者提供的时政类电子公告服务，不得含下列内容：违反宪法确定的基本原则的；危害国家安全，泄露国家秘密，颠覆国家政权，破坏国家统一的；损害国家荣誉和利益的；煽动民族仇恨、民族歧视，破坏民族团结的；破坏国家宗教政策，宣扬邪教和封建迷信的；散布谣言，扰乱社会秩序，破坏社会稳定的；散布淫秽、色情、赌博、暴力、恐怖或者教唆犯罪的；侮辱或者诽谤他人，侵害他人合法权益的；煽动非法集会、结社、游行、示威、聚众扰乱社会秩序的；以非法民间组织名义活动的；含有法律、行政法规禁止的其他内容的。

10.不得设立哪种类型的互联网新闻信息服务单位？

任何组织不得设立中外合资经营、中外合作经营和外资经营的互联网新闻信息服务单位。互联网新闻信息服务单位与境内外中外合资经营、中外合作经营和外资经营的企业进行涉及互联网新闻信息服务业务的合作，应当报经国家互联网信息办公室进行安全评估。

11.拟通过接入经营性互联网络从事非经营性互联网信息服务的要怎样办理备案、备案变更、备案注销手续？

拟通过接入经营性互联网络从事非经营性互联网信息服务的，可以委托因特网接入服务业务经营者、因特网数据中心业务经营者和以其他方式为网站提供接入服务的电信业务经营者代为履行备案、备案变更、备案注销等手续。

12.互联网信息服务者应自觉遵守哪些互联网信息服务管理的规定，应自觉履行哪些互联网信息服务的自律义务？

互联网信息服务者应自觉遵守国家以下互联网信息服务管理的规定，自觉履行互联网信息服务的自律义务：不制作、发布或传播危害国家安全、危害社会稳定、违反法律法规以及迷信、淫秽等有害信息，依法对用户在本网站上发布的信息进行监督，及时清除有害信息；不链接含有有害信息的网站，确保网络信息内容的合法、健康；制作、发布或传播网络信息，要遵守有关保护知识产权的法律、法规；引导广大用户文明使用网络，增强网络道德意识，自觉抵制有害信息的传播。

（三）互联网信息传播的保护

1.传播作品、表演、录音录像制品等网络信息是否需要许可？

权利人享有的信息网络传播权受著作权法保护。除法律、行政法规另有规定的外，任何组织或者个人将他人的作品、表演、录音录像制品通过信息网络向公众提供，应当取得权利人许可，并支付报酬。

2.什么是权利管理电子信息？

权利管理电子信息是信息网络传播权领域的一个专有词汇，是指说明作品及其作者、表演及其表演者、录音录像制品及其制作者的信息，作品、表演、录音录像制品权利人的信息和使用条件的信息，以及表示上述信息的数字或者代码。

3.未经信息权利人许可，任何组织或者个人不得进行哪些行为？

未经权利人许可，任何组织或者个人不得进行以下行为：一是故意删除或者改变通过信息网络向公众提供的作品、表演、录音录像制品的权利管理电子信息，但由于技术上的原因无法避免删除或者改变的除外；二是通过信息网络向公众提供明知或者应知未经权利人许可被删除或者改变权利管理电子信息的作品、表演、录音录像制品。

4.什么是信息传播技术措施？能否被破坏或回避？

信息传播技术措施，是指用于防止、限制未经权利人许可浏览、欣赏作品、表演、录音录像制品的或者通过信息网络向公众提供作品、表演、录音录像制品的有效技术、装置或者部件。为了保护信息网络传播权，权利人可以采取技术措施，任何组织或者个人不得故意避开或者破坏技术措施，不得故意制造、进口或者向公众提供主要用于避开或者破坏技术措施的装置或者部件，不得故意为他人避开或者破坏技术措施提供技术服务，但是，法律、行政法规规定可以避开的除外。

5.哪些情况下可以避开信息传播技术措施？

属于下列情形的，可以避开技术措施，但不得向他人提供避开技术措施的技术、装置或者部件，不得侵犯权利人依法享有的其他权利：为学校课堂教学或者科学研究，通过信息网络向少数教学、科研人员提供已经发表的作品、表演、录音录像制品，而该作品、表演、录音录像制品只能通过信息网络获取；不以营利为目的，通过信息网络以盲人能够感知的独特方式向盲人提供已经发表的文字作品，而该作品只能通过信息网络获取；国家机关依照行政、司法程序执行公务；在信息网络上对计算机及其系统或者网络的安全性能进行测试。

6.通过信息网络提供他人作品，哪些情形可以不经著作权人许可，不向其支付报酬？

以下情形，可以不经著作权人许可，不向其支付报酬：为介绍、评论某一作品或者说明某一问题，在向公众提供的作品中适当引用已经发表的作品；为报道时事新闻，在向公众提供的作品中不可避免地再现或者引用已经发表的作品；为学校课堂教学或者科学研究，向少数教学、科研人员提供少量已经发表的作品；国家机关为执行公务，在合理范围内向公众提供已经发表的作品；将中国公民、法人或者其他组织已经发表的、以汉语言文字创作的作品翻译成的少数民族语言文字作品，向中国境内少数民族提供；不以营利为目的，以盲人能够感知的独特方式向盲人提供已经发表的文字作品；向公众提供在信息网络上已经发表的关于政治、经济问题的时事性文章；向公众提供在公众集会上发表的讲话。

7.不经信息权利人许可传播网络信息应注意和遵守哪些规定？

不经著作权人许可、通过信息网络向公众提供其作品的，还应当遵守以下规定：不得提供作者事先声明不许提供的作品；应指明作品的名称和作者的姓名（名称）；按照国家相关规定支付报酬；采取技术措施，防止其他人获得著作权人的作品对著作权人利益造成实质性损害；不得侵犯著作权人依法享有的其他权利。

8.权利人认为网络服务提供者侵犯了自己的信息网络传播权或者被删除、改变了自己的权利管理电子信息的，如何维护自己的权利？

对提供信息存储空间或者提供搜索、链接服务的网络服务提供者，权利人认为其服务所涉及的作品、表演、录音录像制品，侵犯自己的信息网络传播权或者被删除、改变了自己的权利管理电子信息的，可以向该网络服务提供者提交书面通知，要求网络服务提供者删除该作品、表演、录音录像制品，或者断开与该作品、表演、录音录像制品的链接。通知书应当包含下列内容：权利人的姓名（名称）、联系方式和地址；要求删除或者断开链接的侵权作品、表演、录音录像制品的名称和网络地址；构成侵权的初步证明材料。但同时，权利人应当对通知书的真实性负责。

网络服务提供者接到权利人的通知书后，应当立即删除涉嫌侵权的作品、表演、录音录像制品，或者断开与涉嫌侵权的作品、表演、录音录像制品的链接，并同时将通知书转送提供作品、表演、录音录像制品的服务对象；服务对象网络地址不明、无法转送的，应当将通知书的内容同时在信息网络上公告。

9.服务对象认为其提供的作品、表演、录音录像制品侵犯他人权利的，应该如何申述和处理？

服务对象接到网络服务提供者转送的通知书后，认为其提供的作品、表演、录音录像制品未侵犯他人权利的，可以向网络服务提供者提交书面说明，要求恢复被删除的作品、表演、录音录像制品，或者恢复与被断开的作品、表演、录音录像制品的链接。书面说明应当包含下列内容：服务对象的姓名（名称）、联系方式和地址；要求恢复的作品、表演、录音录像制品的名称和网络地址；不构成侵权的初步证明材料。同时，服务对象应当对书面说明的真实性负责。

网络服务提供者接到服务对象的书面说明后，应当立即恢复被删除的作品、表演、录音录像制品，或者可以恢复与被断开的作品、表演、录音录像制品的链接，同时将服务对象的书面说明转送权利人。权利人不得再通知网络服务提供者删除该作品、表演、录音录像制品，或者断开与该作品、表演、录音录像制品的链接。

10.哪些属于信息网络传播侵权行为?

信息网络传播侵权行为包括：通过信息网络擅自向公众提供他人的作品、表演、录音录像制品的；故意避开或者破坏技术措施的；故意删除或者改变通过信息网络向公众提供的作品、表演、录音录像制品的权利管理电子信息，或者通过信息网络向公众提供明知或者应知未经权利人许可而被删除或者改变权利管理电子信息的作品、表演、录音录像制品的；为扶助贫困通过信息网络向农村地区提供作品、表演、录音录像制品超过规定范围，或者未按照公告的标准支付报酬，或者在权利人不同意提供其作品、表演、录音录像制品后未立即删除的；通过信息网络提供他人的作品、表演、录音录像制品，未指明作品、表演、录音录像制品的名称或者作者、表演者、录音录像制作者的姓名（名称），或者未支付报酬，或者未依照本条例规定采取技术措施防止服务对象以外的其他人获得他人的作品、表演、录音录像制品，或者未防止服务对象的复制行为对权利人利益造成实质性损害的。

11.在哪些情况下，网络服务提供者提供网络自动接入服务或自动传输服务可不承担赔偿责任？

网络服务提供者根据服务对象的指令提供网络自动接入服务，或者对服务对象提供的作品、表演、录音录像制品提供自动传输服务，并具备以下条件的，不承担赔偿责任：未选择并且未改变所传输的作品、表演、录音录像制品；向指定的服务对象提供该作品、表演、录音录像制品，并防止指定的服务对象以外的其他人获得。

12.在哪些情况下，网络服务提供者根据技术安排自动向服务对象提供服务可不承担赔偿责任？

网络服务提供者为提高网络传输效率，自动存储从其他网络服务提供者获得的作品、表演、录音录像制品，根据技术安排自动向服务对象提供，并具备下列条件的，不承担赔偿责任：未改变自动存储的作品、表演、录音录像制品；不影响提供作品、表演、录音录像制品的原网络服务提供者掌握服务对象获取该作品、表演、录音录像制品的情况；在原网络服务提供者修改、删除或者屏蔽该作品、表演、录音录像制品时，根据技术安排自动予以修改、删除或者屏蔽。

13.在哪些情况下，网络服务提供者为服务对象提供信息存储空间可不承担赔偿责任？

网络服务提供者为服务对象提供信息存储空间，供服务对象通过信息网络向公众提供作品、表演、录音录像制品，并具备下列条件的，不承担赔偿责任：明确标示该信息存储空间是为服务对象所提供，并公开网络服务提供者的名称、联系人、网络地址;未改变服务对象所提供的作品、表演、录音录像制品;不知道也没有合理的理由应当知道服务对象提供的作品、表演、录音录像制品侵权;未从服务对象提供作品、表演、录音录像制品中直接获得经济利益;在接到权利人的通知书后,根据本条例规定删除权利人认为侵权的作品、表演、录音录像制品。

(四)网络游戏出版的相关规定

1.从事互联网游戏出版服务须经过谁的审批?

任何企业在中国境内从事网络游戏出版服务,必须经新闻出版广电总局进行前置审批,取得具有网络游戏出版服务范围的网络出版服务许可证。未经审批许可,擅自从事网络游戏出版服务,一经发现,立即依法取缔。

2.境外著作权人授权的进口网络游戏需经过谁的审批?

新闻出版广电总局是经国务院授权负责境外著作权人授权的进口网络游戏的审批部门。

3.申请出版引进版电子游戏出版物需要提交哪些材料?

申请出版引进版电子游戏出版物应提交以下材料:电子出版单位的申请报告。内容包括电子游戏出版物的中外文名称、著作权人情况(中外文名称、所在国家或地区、经营情况等)、引进前的出版经营情况、详细的作品内容介绍、责任编辑审读意见、预计的出版时间等;所在地区省级新闻出版局或主管单位审核同意文件;著作权合同备案机构出具的《著作权合同备案证书》;送审的电子游戏出版物样盘和中文脚本全文;电子游戏出版物中主要人物和主要场景彩色图片；代理公司营业执照及电子出版物发行许可证复印件。

4.申请出版引进版网络游戏出版物应提交哪些材料？

申请出版引进版网络游戏出版物应提交以下材料：网络游戏出版机构的申请报告。内容包括网络游戏出版物的中外文名称、著作权人情况（中外文名称、所在国家或地区、经营情况等）、引进前的出版经营情况、详细的作品内容介绍、责任编辑审读意见、预计的出版（公测）时间等；网络游戏出版机构所在地省级新闻出版局的审核同意文件；著作权合同备案机构出具的《著作权合同备案证书》；网络游戏出版物中文脚本全文；网络游戏出版物中的主要人物和主要场景彩色打印图片和演示光盘。表现网络游戏出版物中的主要人物、场景、道具、情节等，能反映网络游戏出版物的基本面貌。

5.经新闻出版广电总局前置审批或进口审批过的网络游戏，要增加新版本、新资料片或更新内容需要办理哪些手续？

经新闻出版广电总局前置审批或进口审批过的网络游戏，增加新版本、新资料片或更新内容，必须重新履行前置审批或进口审批手续。对未经新闻出版广电总局前置审批或进口审批，擅自运营新版本、新资料片或更新内容的，新闻出版广电总局将取消原前置审批或进口审批文件，通知有关地方新闻出版管理部门依法责令其停止运营服务，按非法网络出版予以查处。对擅自增加新版本、新资料片或更新内容，且增加或更新内容存在违法违规问题的，将从重处理，通知电信管理部门取消相关接入服务，关闭网站。

6.外商可以在中国境内投资从事网络游戏运营服务吗?

外商不得以独资、合资、合作等方式在中国境内投资从事网络游戏运营服务。外商不得通过设立其他合资公司、签订相关协议或提供技术支持等间接方式实际控制和参与境内企业的网络游戏运营业务。也不得通过将用户注册、账号管理、点卡消费等直接导入由外商实际控制或具有所有权的游戏联网、对战平台等方式,变相控制和参与网络游戏运营业务。

7.经过新闻出版广电总局前置审批或进口审批过的网络游戏,变更运营单位的,需要重新办理前置审批或进口审批手续吗?

经过新闻出版广电总局前置审批或进口审批过的网络游戏,变更运营单位的,需重新办理前置审批或进口审批手续。自运营单位变更之日起至重新获得批准之间,网络游戏应停止一切运营服务。

(五)网络安全法的相关规定

1.《网络安全法》确立了网络安全法的哪几个基本原则?

第一,网络空间主权原则。《网络安全法》第一条"立法目的"开宗明义,明确规定要维护我国网络空间主权。网络空间主权是一国国家主权在网络空间中的自然延伸和表现。习近平总书记指出,《联合国宪章》确立的主权平等原则是当代国际关系的基本准则,覆盖国与国交往各个领域,其原则和精神也应该适用于网络空间。各国自主选择网络发展道路、网络管理模式、互联网公共政策和平等参与国际网络空间治理的权利应当得到尊重。第二条明确规定《网络安全法》适用于我国境内网络以及网络安全的监督管理。这是我国网络空间主权对内最高管辖权的具体体现。

第二，网络安全与信息化发展并重原则。习近平总书记指出，安全是发展的前提，发展是安全的保障，安全和发展要同步推进。网络安全和信息化是一体之两翼、驱动之双轮，必须统一谋划、统一部署、统一推进、统一实施。《网络安全法》第三条明确规定，国家坚持网络安全与信息化并重，遵循积极利用、科学发展、依法管理、确保安全的方针；既要推进网络基础设施建设，鼓励网络技术创新和应用，又要建立健全网络安全保障体系，提高网络安全保护能力，做到“双轮驱动、两翼齐飞”。

第三，共同治理原则。网络空间安全仅仅依靠政府是无法实现的，需要政府、企业、社会组织、技术社群和公民等网络利益相关者的共同参与。《网络安全法》坚持共同治理原则，要求采取措施鼓励全社会共同参与，政府部门、网络建设者、网络运营者、网络服务提供者、网络行业相关组织、高等院校、职业学校、社会公众等都应根据各自的角色参与网络安全治理工作。

2. 网络运行基本安全要求是什么？

《网络安全法》第二十一条规定：国家实行网络安全等级保护制度。网络运营者应当按照网络安全等级保护制度的要求，履行下列安全保护义务，保障网络免受干扰、破坏或者未经授权的访问，防止网络数据泄露或者被窃取、篡改：①制定内部安全管理制度和操作规程，确定网络安全负责人，落实网络安全保护责任；②采取防范计算机病毒和网络攻击、网络侵入等危害网络安全行为的技术措施；③采取监测、记录网络运行状态、网络安全事件的技术措施，并按照规定留存相关的网络日志不少于六个月；④采取数据分类、重要数据备份和加密等措施；⑤法律、行政法规规定的其他义务。

3. 应急预案与响应要求是什么？

《网络安全法》第二十五条规定：网络运营者应当制定网络安全事件应急预案，及时处置系统漏洞、计算机病毒、网络攻击、网络侵入等安全风险；在发生危害网络安全的事件时，立即启动应急预案，采取相应的补救措施，并按照规定向有关主管部门报告。

4. 个人信息保护规定有哪些？

《网络安全法》第四十一、四十二、四十三条规定：第四十一条：网络运营者收集、使用个人信息，应当遵循合法、正当、必要的原则，公开收集、使用规则，明示收集、使用信息的目的、方式和范围，并经被收集者同意。网络运营者不得收集与其提供的服务无关的个人信息，不得违反法律、行政法规的规定和双方的约定收集、使用个人信息，并应当依照法律、行政法规的规定和与用户的约定，处理其保存的个人信息。第四十二条：网络运营者不得泄露、篡改、毁损其收集的个人信息；未经被收集者同意，不得向他人提供个人信息。但是，经过处理无法识别特定个人且不能复原的除外。网络运营者应当采取技术措施和其他必要措施，确保其收集的个人信息安全，防止信息泄露、毁损、丢失。在发生或者可能发生个人信息泄露、毁损、丢失的情况时，应当立即采取补救措施，按照规定及时告知用户并向有关主管部门报告。第四十三条：个人发现网络运营者违反法律、行政法规的规定或者双方的约定收集、使用其个人信息的，有权要求网络运营者删除其个人信息；发现网络运营者收集、存储的其个人信息有错误的，有权要求网络运营者予以更正。网络运营者应当采取措施予以删除或者更正。

5. 等保测评是什么？

国家实行网络安全等级保护制度。等保测评就是有资质的测评机构对非涉密的信息系统按照不同等级要求对这些系统进行安全测评，出具相应的信息系统测评报告。

附录
数字出版及相关产业分类

根据《国民经济行业分类》(GB/T4754-2017),结合《新产业新业态新商业模式统计分类》(试行)对新产业新业态新商业模式的分类方法,将数字出版类分类数字出版产品生产、数字出版支撑服务、数字出版设备制造、数字出版管理与服务和数字出版科学研究五大类,其中核心层数字出版内容生产 20 个小类,属于具体产品生产服务。

序号	大类	中类	小类	名称	说明	国民经济代码
	01			数字出版生产	应用数字技术生产、加工和复制信息和知识,通过网络传播的内容生产出版活动。	
		0101		数字出版服务		
1			010101	社会科学出版服务		8626

续表

序号	大类	中类	小类	名称	说明	国民经济代码
2			010102	科学技术出版服务		8626
3			010103	文学出版服务		8626
4			010104	艺术出版服务		8626
5			010105	游戏出版服务	指通过信息网络向公众提供下载或者在线交互使用等上网出版运营服务行为。	8626
6			010106	动漫出版服务		8626
7			010107	网络教育出版服务	不包括在线教育	8626
8			010108	互联网视听出版服务	是指制作、编辑、集成并通过互联网向公众提供视音频节目,以及为他人提供上载传播视听节目服务的活动。	8626
9			010109	软件出版服务		8626
10			010110	网络读物出版服务	以数据库和电信网络为基础,以计算机主机的硬盘为存储介质,向用户提供阅读内容的出版活动	8626
		0102		数字出版内容服务		

续表

序号	大类	中类	小类	名称	说明	国民经济代码
11			010201	数据库出版服务	将文献进行标准化和结构化加工,用户通过网络或其他渠道实现检索和其他方式使用的出版活动	6450
12			010202	网络图片出版服务	指以互联网为传输媒介,通过运营商的服务器提供图片下载和欣赏的出版活动	6429
13			010203	网络地图出版服务	指以互联网为传输媒介,通过运营商的服务器提供实时在线或下载地图的出版活动。	6429
14			010204	网络新闻传播服务	指网络出版单位以互联网络为媒介进行新闻传播的活动	6429
15			010205	在线教育服务	指通过应用信息科技和互联网技术进行内容传播和快速学习的方法,即在线培训、网络学院、网络教育和在线学习等为主的互联网职业技能培训	8391
16			010206	数字报纸出版服务	指由新闻出版单位按一定周期推送新闻信息到终端的传播活动	
17			010207	数字期刊出版服务	应用数字技术手段,对原创和已经出版的作品等定期通过移动互联网络向终端传播的活动。不包括8626中列举的数字出版服务	
18			010208	互联网广告出版服务	指提供互联网推送及其他互联网广告服务。包括网络电视、网络手机广告的服务。	7251

续表

序号	大类	中类	小类	名称	说明	国民经济代码
		0103		数字出版娱乐服务		
			010301	游戏服务	指以互联网为传输媒介，以游戏运营商服务器和用户计算机为处理终端，以游戏客户端软件为信息交互窗口，旨在实现娱乐、休闲、交流和取得虚拟成就的具有可持续性的个体性多人在线游戏。包括互联网电子竞技服务。	6422
19			010302	网络音乐	指以互联网为传输媒介的音乐传播服务	6429
20			010303	网络视频	批以互联网为传输媒介的视频传播服务	6429
	02			数字出版支撑服务	为移动出版提供技术和环境支撑的活动。	
		0201		数字内容加工制作服务		
21			020101	数字内容创意服务	指基于文化资源基础，运用现代数字、网络、通信等技术进行的文化价值创造和传播服务	
22			020102	地理信息加工服务	指运用数字化技术，对地理信息进行采集、编辑、校准、校正、管理等，以满足各种应用需求的服务	6751

续表

序号	大类	中类	小类	名称	说明	国民经济代码
23			020103	数字内容加工	指将生产、生活中的图片、文字、视频、音频等信息内容运用数字化技术进行加工、处理、制作并整合应用的服务，使其通过互联网传播，在计算机、手机、电视等终端播放，在存储介质上保存。	6759
24			020104	数字动漫设计制作服务	仅包括数字动漫制作活动	6752
			020105	游戏制作服务	仅包括游戏设计制作活动	6752
		0202		网络接入服务		
25			020201	互联网络接入服务	由基础电信运营商提供为数字出版内容传播和接收提供的互联网接入服务	6410
26			020202	移动互联网接入	由基础电信运营商提供为移动出版或移动出版内容接收提供的移动互联网接入服务。	6312
27			020203	卫星信息接入	通过人造卫星向移动终端传输声音、数据、文本、视听图像信号的卫星通信活动。	6339
28			020204	公共WIFI接入	由基础电信运营商或第三机构提供为移动出版或移动出版内容接收提供的公共场所WIFI接入服务。	6410

续表

序号	大类	中类	小类	名称	说明	国民经济代码
			020205	互联网数据服务	指以互联网技术为基础的大数据处理、云存储、云计算、云加工等服务	6450
		0202		数字出版运营平台	指为数字出版提供交易、支付、数据存储、加工、传播的自办或第三方主办平台。	
29			020201	数字内容服务平台	指为移动出版企业提供的信息和数据的分析、整理、计算、编辑、存储等加工处理服务，以及应用软件、业务运营平台、信息系统基础设施等的租用服务。	6550
30			020202	数字信息平台	指通过数字化和网络化手段，对数字出版信息进行存储、加工和传播的服务平台	6579
31			020203	第三方支付平台	指非金融机构在数字出版商和数字内容用户之间作为中介机构提供下列部分或全部货币资金转移服务，包括网络支付、预付卡的发行与受理、银行卡收单及中国人民银行确定的其他支付等服务	6930
32			020204	互联网络教育平台	指专网络教育提供服务的第三方平台	6432
33			020205	互联网读书平台	提专为读书服务的第三方平台	6432
		0204		数字出版软件服务	指为数字出版加工制作、编辑、传播的软件	

续表

序号	大类	中类	小类	名称	说明	国民经济代码
34			020401	数字出版软件	指数字出版企业为数字出版生产使用的数字出版软件等	6513
35			020402	数字出版基础和通用软件	指能够对硬件资源进行调度和管理，为应用软件提供运行支撑的软件，以及非特定行业使用的应用软件，包括操作系统、数据库、中间件、各类固件、开发工具和集成环境，以及办公软件、经营管理软件、智能交互软件等	6511
36			020403	数字出版软件平台	为移动出版企业提供虚拟化、存储管理、数据处理等信息系统平台软件，包括支撑云计算、大数据信息系统平台软件等	6513
37			020404	移动客户端	指集成数字出版内容的专用客户端策划、编写的服务	6513
		0205		数字出版信息咨询服务	移动出版信息技术管理咨询服务	6560
38			020501	数字网络与信息安全评估认证	指互联网与信息安全的评估认证活动，仅包括测试评估服务	6560
39			020502	数字出版安全咨询服务	指互联网与信息安全的咨询活动，仅包括网络咨询服务、信息技术管理咨询服务	6560

续表

序号	大类	中类	小类	名称	说明	国民经济代码
40			020503	数字出版技术中介服务	指为移动出版活动提供社会化服务与管理,在政府、各类科技活动主体与市场之间提供居间服务的组织,主要开展信息交流、技术咨询、技术孵化、科技评估和科技鉴证等活动。	7520
41			020504	数字出版知识产权服务	指移动出版活动中的专利、商标、版权、软件、技术秘密、地理标志等各类知识产权的代理、转让、登记、鉴定、检索、分析、咨询、评估、运营、认证等服务	7520
	03			数字出版设备制造		
		0301		数字阅读设备		
42			030101	平板电脑	为接收和体验移动出版内容而需要的终端设备。	3911
43			030102	掌上游戏机	接收和参与移动出版互动内容的掌上终端设备	3911
44			030103	电子词典	接收和可查询数字词汇的移动学习工具。	3911
45			030104	电子阅读器	接收和显示书籍、杂志、报纸、图片、音视频的移动终端	3911

续表

序号	大类	中类	小类	名称	说明	国民经济代码
46			030105	智能手机	指具有独立的操作系统，独立的运行空间，可以由用户自行安装第三方服务商提供的程序的并通过无线网络实现通话功能的移动终端。	3922
47			030106	导航设备	手持或车载移动导航设备	3962
		0302		智能设备		
48			030201	可穿戴智能设备	指由用户穿戴和控制，并且自然、持续地运行和交互的个人移动计算设备产品的制造	3961
49			030202	虚拟现实设备	为接收和丰富体验移动终端呈现内容的层次感、参与感，而使用虚拟现实设备。	3969
	04			数字出版管理与服务		
		0401		数字出版管理		
50			040101	数字出版政府管理	指政府部门为规范和指引数字出版业健康发展进行的管理活动	9224
51			040102	数字出版协会活动	指数字出版业及相关产业单位成立的群众团体	9522
	05			数字出版科学研究		
		0501		数字出版理论研究		

续表

序号	大类	中类	小类	名称	说明	国民经济代码
52			050101	数字出版理论研究	指为数字出版业科学发展进行的基础理论和理论应用研究活动	7350
		0502		数字出版技术研究		
53			050201	信息科学与信息科学研究	指将信息科学应用到数字出版业的基础性研究活动	7310
54			050202	电子、通信与自动控制技术研究服务；计算机科学技术研究服务；	指将电子、通信和计算机技术应用到数字出版的研究活动	7320

后 POSTSCRIPT 记

“新闻出版实用知识丛书”是重庆市出版工作者协会组织重庆新闻出版业界的专家和资深从业人员共同编写的一套以介绍新闻出版业基本知识为主的实用性丛书。该丛书按图书出版、报刊出版、数字出版、音像电子出版、著作权与版权贸易、出版物印刷、出版物发行七大类分册，逐一梳理和介绍新闻出版业的基本知识、基本技能和服务指南，其核心在于实用，旨在使从业人员或希望了解新闻出版业的人士一读就懂，一学就会，学以致用，学而能用。

参加《数字出版》一书的编写人员有多年从事数字出版工作的一线责任编辑、正副编审和从事多年数字出版管理工作的人员，主要有缪超群、刘茂林、车东林、刘爱民、李俊、刘平、廖小兰、袁毅、李习广、晏国轩、周关键、吴江文、李彤、蒲洋、周兴林、陈瀚等专家领导，他们在组织策划、统稿、审读书稿中，对编写体例、内容修改完善等方面提出了许多宝贵的建议。中国新闻出版研究院数字研究所、重庆市文化委、西南师范大学出版社有关人员均对本书的出版做出了指导。对以上单位和个人对于本书的关心和支持帮助，在此表示衷心感谢。

希望本书的出版能有助于新闻出版从业人员专业素养的提高，有助于新闻出版企事业单位人才队伍的建设，有助于新闻出版管理部门加强对行业的监管。在编写过程中，难免挂一漏万，不当之处，望读者批评指正。

编者

2017 年 11 月

参考文献

[1]张明亮.试论数字出版的概念[J].图书档案信息,2015(4).

[2]罗秉雪.数字出版:新语境下的概念演变与界定[J].出版发行研究,2016(1).

[3]林倩倩,卢秋云.数字出版商业模式的创新路径[J].经营与管理,2017(3).

[4]张妮.数字化阅读方式接触率首超图书阅读率[N].中国文化报,2015年4月21日.

[5]张博,庄子匀,陈敬良.云出版是解决数字出版面临问题的根本出路[J].出版发行研究,2012(2).

[6]蔡鸿程.教育出版要走数字化创新之路[J].编辑之友,2010(4).

[7]国家新闻出版广电总局出版资格考试办公室编.数字出版基础(2015年版)[M].北京:电子工业出版社,2015.

[8]黄孝章,张志林,陈功明.数字出版实用教程[M].北京:知识产权出版社,2013.

[9]魏超,曹志平.数字传播论要[M].北京:知识产权出版社,2013.

[10]司占军,顾翀.数字出版[M].北京:中国轻工业出版社,2013.

[11]王燕杰.我国教育出版数字化转型策略研究[M],2017.